너만큼 다정한 ___ 북유럽

일러두기 —————————————————————————

1. 저자의 글맛을 살리기 위해 구어적 문체, 인터넷 용어가 다소 포함돼 있습니다.

2. 외국어와 외래어는 국립국어원 외래어 표기법에 따르되 일부 표기는 관용적 표현을
   따랐습니다.

3. 단행본은 『 』, 영화, 드라마, 음악, 예술 작품 등은 < >로 표기했습니다.

너만큼 다정한 ___ 북유럽

글·사진 **호밀씨**

TERRA

prolog

이 이야기는 여행책을 만드는 편집자이자 작가로서, 그리고 한 아이의 엄마로서 어떻게 하면 아이와 부모가 모두 행복한 여행을 할 수 있을지 고민했던 수많은 시간의 결과물이다. 북유럽으로 떠나기 전까지 우리 가족은 주로 '일로 하는 여행'을 다녔다. 여행을 준비할 때면 박물관, 아쿠아리움, 놀이공원, 최신 키즈 카페까지 온갖 정보 검색의 퍼레이드가 이어졌다. '대중적이며', '호불호 없고', '저비용 고효율'이라는 키워드를 놓치지 않고 빈틈없이 짠 일정은 언제나 완벽하게 지켜졌다. 여행이 끝나면 나는 어린아이를 데리고 특별한 사건사고 없이 무사히 일정을 마치고 돌아왔다는 데서 여행의 의미를 찾곤 했다.

그러나 매번 딱 그만큼의 여행이었다. 그 속에는 나와 가족을 위한 어떠한 설렘도, 발견도 없었다. 대중을 고려하여 선택한 명소나 맛집은 나와 남편의 취향과 어긋나는 경우가 많았고, 아이를 위해서였다고 한들 아이가 실제로 좋았는지도 알 수 없었다. 어쩌면 아이는 놀이공원이나 소문난 식당 앞에서 긴 줄을 서며 투덜대기보다는 동네 놀이터에서 뛰놀고 좋아하는 붕어빵을 한 봉지 가득 먹는 게 훨씬 즐거웠을지도 모른다.

무얼 위한 것인지 알 수 없는 여행을 다니며 일과 육아에 지쳐가던 어느 날, 나는 삼십 대 중반의 이른 나이에 암에 걸렸다. 아이는 이제 겨우 다섯 살이었다. 수술과 수차례의 항암 치료를 거듭하는 동안, 나는 자신과 가족을 돌보지 않고 브레이크 없이 직진만 했던 나의 삶을 되돌아보게 되었다.

치료를 마치고 난 뒤, 우리 부부는 그 누구를 위해서도 아닌, 우리 가족이 진심으로 해보고 싶었던 여행을 떠나기로 했다. 유명 관광지나 아이와 꼭 가야 한다는 명소들을 일부러 피하는 게 답은 아니었다. 그런 곳도 당연히 좋다. 약간의 소란스러움과 값비싼 입장료를 감당할 수 있을 만큼 가고 싶은 곳이라면야 굳이 마다할 이유는 없다. 그보다 우리는 여행의 의미를 처음부터 다시 되짚어보기로 했다. '어디'를 가느냐가 아니라 '어떤' 여행을 하고 싶은지에 대해서.

무리하지 않는 여행
집처럼 편안한 여행
건강한 먹거리가 함께하는 여행
서로 존중하고 힘들면 쉬어가는 여행
언제 어디서든, 우리 가족이 함께인 여행

남편과 둘이서 머리를 맞대고 종이에 적어놓고 보니 우리가 진정으로 원했던 여행은 건강과 가족의 의미를 찾는 것이었다. 그리고 그 의미를 찾을 여행지로 우리는 오랜 버킷리스트였던 북유럽을 선택했다.

북유럽은 전 세계에서 가장 가족 친화적인 정책을 활발하게 펼치는 나라들이다. 또한 129개국을 대상으로 조사한 '2019년 지속가능발전목표(SDG) 성별지수' 결과에서 1~4위를 모두 차지할 만큼 성평등이 잘 이루어진 나라들이기도 하다. 우리 부부는 아이들이 온종일 바깥에서 안전하게 뛰놀 수 있는 나라, 오후 3시면 퇴근해서 가정으로 돌아가는 아빠들의 나라, 출산 이후에도 자신이 하고 싶은 일을 맘껏 펼칠 수 있는 엄마들의 나라인 북유럽을 직접 경험해보기로 했다. 덴마크, 스웨덴, 핀란드를 비롯해 에스토니아와 리투아니아에 이르기까지 우리 가족은 북유럽의 자연을 품에 안고 평등과 자유 그리고 행복을 향해 느리지만 한 걸음씩 나아갔다.

긴 여행을 마치고 한국에 돌아오자마자 코로나바이러스가 전 세계를 뒤덮었다. 하루빨리 독자들에게 선보이고 싶었던 이 책은 물론이고 그동안 해왔던 모든 여행책 작업이 희뿌연 안개 속으로 사라졌다. 인생은 정말 예기치 않은 일들의 연속이다.

지난 몇 년간 나는 안개 숲을 더듬더듬 헤쳐나오는 기분으로 책을 써 내려갔다. 하지만 오랜 시간 공들여 쓴 만큼 독자들에게 전할 이야기가 더 풍성해진 것은 오히려 다행이었다. 나는 사랑하는 아이의 손을 꼭 잡고 조만간 다시 세계를 누비는 꿈을 꾸고 있을 멋진 부모들을 생각하면서, 더디지만 설레는 마음으로 이 책을 썼다.

항상 수많은 고민과 검증을 거듭하며 여행서를 출간해온 테라 출판사 박성아 대표님, 이번만큼은 그 누구를 위해서도 아닌 '우리 가족만의 여행책을 써 달라'는 주문 하나만을 한 채 믿고 기다려주셔서 감사하다. 그 덕분에 이 책이 세상에 나올 수 있었다.

contents

덴마크
DENMARK

스 웨 덴
SWEDEN

핀 란 드
FINLAND

에스토니아
ESTONIA
&
리투아니아
LITHUANIA

덴마크
DENMARK

"덴마크는 하나의 대가족이다."

−덴마크 영화감독, 수잔 비에르Susanne Bier

코펜하겐 공항이라는 여행지

코펜하겐에 도착한 때는 북유럽의 짧고 강렬한 여름의 끄트머리, 스칸디나비아인들의 긴 여름휴가가 남긴 여운이 채 가시지 않은 9월 초였다. 호시탐탐 기회를 엿보며 불어오는 서늘한 북풍이 여름의 온기를 몰아내기 시작하고 새파란 블루베리 대신 붉은 크랜베리와 링곤베리가 익어가는 계절, 우리는 티셔츠와 반바지 차림에 캐리어엔 3인분의 패딩과 목도리를 꾹꾹 눌러 담은 어정쩡한 매무새로 북유럽 땅을 밟았다. 두 달에 가까운 여행 기간 동안 우리는 북유럽에서 늦여름과 가을, 어쩌면 겨울까지 경험하게 될 것이었다.

나와 남편인 조기사(주변에서 일어나는 자잘한 문제들을 이성적으로 잘 해결한다고 하여 붙은 남편의 별명이다)가 이코노미석에서 뻣뻣하게 굳은 몸을 간신히 일으켜 세울 때, 아이가 말했다.

"엄마아~ 나 게임 더 하고 싶은데 벌써 내려야 해?"

돌을 갓 넘겼을 무렵 첫 해외여행을 떠났던 윤서는 기압 차로 귀가 아프다며 울음을 터뜨리거나 비행기에서 괴성을 지르고 식판을 엎어 승무원을 당황하게 하던 아기였다. 서너 살쯤부터는 비행에 적응해서 곧잘 타긴 했지만, 장거리 유럽행은 처음이어서 나와 조기사는 아이가 잘 버틸 수 있을지 걱정했었다. 하지만 윤서는 어느새 엄마의 보살핌 없이 기내에서 그림을 그리고 만화도 보고 게임까지 즐기느라 열 시간의 비행시간도 부족한 일곱 살이 돼 있었다. 걱정은 아이가 아니라 우리 부부에게 돌려야 했다. 꿈꿔 왔던 북유럽 여행, 마음만은 덴마크가 아니라 화성에 태극기라도 꽂은 듯 감격에 겨웠지만 도무지 체력이 따라와 주질 못하고 있었다.

우리는 윤서를 데리고 비행기에서 내려 수하물을 찾는 벨트를 향해 좀비처럼 터덜터덜 걸어갔다. 머릿속엔 짐을 찾자마자 곧장 숙소로 이동해서 쉬어야겠다는 생각으로 가득했다. 그런데 한 걸음씩 발을 내딛을수록 주변 풍경이 조금 생경하게 느껴졌다. 이 공항은…… 어딘가 낯설었다.

클럽에서 흘러나올 법한 하우스 음악이 '둠칫둠칫' 울려 퍼지는 코펜하겐 공항은 공항이라기보다는 아기자기하게 꾸며진 쇼핑몰 같았다. 잡티 하나도 놓치지 않는 새하얀 LED 조명이 있어야 할 자리에는 둥글고 커다란 펜던트 조명들이 아늑한 노란 빛을 뿜어냈고, 명품 향수와 동물 가죽 냄새 대신 덴마크 스테프 Steff 핫도그 가게의 소시지 냄새, 베이커리 카페의 달콤한 빵 굽는 냄새와 고소한 커피 냄새가 뒤엉켜 장시간 비행의 피로를 잊게 했다.

대낮부터 공항 여기저기서 성업 중인 주점들도 눈길을 끌었다. 저물어가는 햇빛이 공항 구석구석까지 스며든 오후 5시, 공항의 와인 바와 맥주 바는 벌써 진하게 낮술을 걸치는 애주가들로 북적거렸다. 귀밑까지 벌게진 한 중년 남성이 나와 눈이 마주치고는 잇몸 미소를 날렸다. 덴마크 사람들은 다른 북유럽 국가 사람들도 두손 두발을 들 정도로 알코올을 사랑하는 민족이라더니 팩트 체크 완료였다. 벽면에 붙은 대형 광고판도 덴마크산 칼스버그 Carlsberg 맥주 광고였다. 덴마크의 국민 배우 매즈 미켈슨 Mads Mikkelsen은 번쩍이는 남색 비로드 양복을 입고 소파에서 다리를 꼰 채 거만한 곁눈질로 우리를 바라봤다. 광고 문구는 이랬다.

"웰컴 투 덴마크! 세상에서 가장 균형 잡힌 맛을 지닌 맥주의 고향이 어딘지 아십니까? 그건 아마……."

하하, 자부심이 너무 과하신 게 아닌지. 다시 보니 생맥주잔은 매즈 미켈슨의 손이 아니라 무릎 끝에 반듯하게 올려져 있었다. 맛의 균형만큼이나 완벽한 밸런스에 맞춰서.

이제 막 도착한 코펜하겐 공항에서 나는 이 낯설지만 유쾌하고, 뻔뻔하지만 어쩐지 귀여운 구석이 있는 덴마크에 벌써부터 '덴며들고' 있었다. 그도 그럴 것이 적당히 몸을 들썩이게 만드는 비트 있는 음악과 군침 도는 빵과 커피, 동그랗고 예쁜 수백 개의 조명, 거기에 알코올까지 듬뿍 첨가된 이곳에서는 제아무리 비관적이고 냉소적인 사람들도 기분이 말랑해질 수밖에 없다.

'세상에서 제일 행복한 나라'라는 덴마크의 첫 여행지는 코펜하겐 공항이었다.

Greetings from
the housekeeping superwomen

일단은 좀 쉬어야 해

코펜하겐의 초가을 날씨는 일 년에 열두 번도 넘게 바뀌는 윤서의 크리스마스 위시리스트처럼 이랬다저랬다 했다. 아침저녁은 겨울인가 싶을 정도로 으슬으슬 춥다가도 낮에는 마지막 힘을 다해 내리쬐는 여름 햇볕이 점퍼를 벗게 했고, 가을 하늘이 우리나라처럼 참 파랗다 싶으면 이내 얄미운 먹구름이 하늘을 뒤덮었다. 여름 아닌 가을인 듯 겨울 같은 너, 9월의 코펜하겐이었다.

일관성없이 휘몰아치는 비바람 때문에 머리카락을 입에 물고 혼미해진 나와 다르게, 덴마크 사람들은 반바지 차림으로 천연덕스럽게 거리를 활보했다. 브라톱에 레깅스를 입고 조깅하는 바이킹 여전사들도 보였다. 긴 여름휴가 동안 겨우내 쓸 태양 에너지를 온몸 가득 충전하고 이제 막 일상에 복귀한 코펜하게너들은 활력이 넘쳤다.

오늘은 코펜하겐 여행 둘째 날이다. 첫날밤은 공항 근처 호텔에서 보내고 아침 일찍 시내로 이동했다. 시내 한복판에 예약해둔 두 번째 숙소가 아직 체크인 시간 전이었으므로 일단 호텔에 짐만 맡겨놓고 시내 구경에 나섰는데, 경량 패딩에 목도리까지 두르고도 추워서 버티기가 어려웠다. 이대로 돌아다니다간 여행을 시작하기도 전에 모두 몸살로 앓아누울 듯했다. 우리는 몇십 미터도 가지 못하고 왔던 길을 되돌아 호텔로 돌아갔다.

직원에게 양해를 구하고 로비 구석에 놓인 기다란 보라색 소파에 엉덩이를 들이밀었다. 긴장이 풀리면서 눈꺼풀이 묵직해지고, 허기가 느껴졌다. 마침 테이블 위에 투숙객에게 무료로 제공되는 사과가 눈에 띄었다.

사과 몇 알을 아이와 나눠 먹고 있자니 슬슬 기운이 되살아났다. 아직 오전 10시. 아무래도 가만히 있기엔 너무 이른 시간이다. 밖에 나가서 뭐라도 보고 카메라에 담아야 하지 않을까? 매번 취재를 위한 여행을 다니며 생긴 직업병이 스멀스멀 올라왔다. 나는 조기사에게 슬며시 말을 걸었다.

"저기…… 우리 계속 여기 있을 거야?"

"당연하지, 날씨도 그렇고. 직원이 체크인 시간까지 여기 있어도 된다고 했잖아."

"그렇지? 그렇긴 한데…… 좀 쉬고 나니까 기운이 나서 말이야. 한번 다시 나가 보는 거 어때?"

조기사의 눈썹 끝이 힘없이 내려가더니 동공이 커졌다. 어이가 없을 때 짓는 표정이었다.

"아니, 전혀. 이번 여행은 무리하지 말고 편하게 다니기로 했잖아. 윤서랑 나는 지금 체력이 완전히 바닥이야. 무조건 오늘은 방에 올라가서 쉴 거야."

조기사는 한번 마음먹은 일은 몸을 혹사해서라도 해내려 하는 내 성격을 잘 알고 있고 거절은 더 잘한다. 그때 호텔 직원이 다가와 윤서에게 종이와 색연필 세트를 건네주었다. 심심해하던 윤서는 곧장 색칠 놀이에 돌입했다.

나는 소파에 엉덩이를 더욱더 깊숙하게 밀어 넣고 반쯤 누워서는 멍하니 창밖을 바라봤다. 호텔에 딸린 자그마한 안뜰에 비바람에 젖은 초록빛 잎사귀들이 바들바들 떨고 있는 모습이 보였다. '그래, 나도 저 신세가 되고 싶진 않구나. 이 여행은 예전과는 달라. 조바심내는 나쁜 습관은 이제 그만 버리자.' 나는 속으로 되뇌었다.

로비에서 버틴 지 두 시간쯤 지났을까, 체크인이 가능하다는 안내를 받고 우리는 방으로 올라갔다. 짐을 내려놓자마자 씻고 편한 옷으로 갈아입은 다음 푹신한 침대로 기어들어갔다. 사각거리는 이불 속에 파묻혀 있자니 좀 전까지 기를 쓰고 밖으로 나가려고 했던 내 모습이 우습게 느껴졌다. 윤서는 벽 쪽 작은 테이블에 앉아 "나만의 책상이야!"라며 집에서 가져온 작은 장난감들을 꺼내 쪼르르 진열했다.

침대에서 빠져나온 나는 호텔 어메니티로 제공된 덴마크산 유기농 커피 스틱을 찻잔에 털어 넣고 뜨거운 물을 부은 뒤, 휴대용 블루투스 스피커를 연결해 음악을 틀었다. 침대에 걸터앉아 커피를 마시며 저녁에 호텔 식당에서 열리는 연주회 정보와 주말의 전시회 정보를 살펴봤다. 아이는 TV에서 흘러나오는 덴마크 만화를 보았고 조기사는 구독 중인 영상에 몰두했다.

점심과 저녁은 모두 호텔 근처에 있는 유기농 슈퍼마켓 체인점 이야마Irma에서 사 온 음식으로 해결했다. 덴마크식 건강 호밀빵과 블루베리, 토마토, 샐러드 키트 등으로 간단히 차려 먹고는 또 숙소에서 뒹굴뒹굴. 몇 시간 만에 컨디션이 부쩍 좋아지는 게 느껴졌다.

도로를 누비던 자전거족이 하나둘 집으로 돌아가고, 마지막 남은 킥보드족까지 모두 사라지자, 텅 빈 거리에 밤이 찾아왔다. 나는 레이스 커튼을 살짝 열어젖히고 노란불이 켜진 맞은편 아파트를 들여다봤다. 어느 집 방 안에서 금발의 십 대 소녀 둘이 침대에 누워 턱을 괴고 노트북을 보고 있는 모습이 눈에 들어왔다. 풋풋한 하이틴 영화의 한 장면을 보는 것 같다고 생각하고 있는데, 별안간 소녀 한 명이 일어나더니 물구나무서기와 텀블링을 했다. 뭐, 뭐야, 이 덴마크 소녀의 피지컬은! 놀란 가슴을 쓸어내리려는 순간, 이번엔 아랫집 불이 켜지고 산타클로스 옷을 입은 거구의 할아버지가 나타났다. 응? 이건 또 뭐야. 9월에 산타클로스라니?!

할아버지는 방에 들어오자마자 소파에 털썩 앉더니 힘겹게 옷을 벗었다. 한 겹, 또 한 겹……. 보고 싶지 않은데 자꾸만 보게 되는 이 기분을 뭐라고 설명해야 할지 모르겠다. 아무튼 하얀 속옷만 남긴 할아버지는 불도 끄지 않고 곧장 할머니가 누워 있는 이불 속을 비집고 들어갔다. 소파 위에 빨간 산타클로스 옷과 수염을 덩그러니 걸쳐둔 채로.

산타클로스가 그대로 깊은 잠에 곯아떨어지자 나도 커튼을 닫고 침대로 파고들었다. 아무 데도 나가지 않고 숙소에만 머물렀을 뿐인데도 낯선 여행지에선 꽤 재미있는 일이 펼쳐지는 것 같다. 지난날의 나는 위치, 가격, 룸 컨디션, 숙박객 후기 등등 숱한 검열을 거쳐 숙소를 예약해놓고는 온종일 거리를 헤매다 밤이 되어서야 숙소로 돌아왔다. 나는 여행지에서는 시간을 쪼개서 최대한 돌아다녀야겠다고 생각하는 사람이었다. 이십 대 때는 여행지의 모든 교통수단을 샅샅이 뒤지며 시간과 거리를 계산한 다음 분 단위로 일정을 짜서 돌아다녀 본 적도 있다. 그때

차라리 그 계획에 실패했으면 좋았으련만, 나는 기어이 해내는 사람이었다.

그 시절 나에게 묻고 싶다. 그렇게 부지런히 움직인 이유가 정말 '모처럼의 여행'이었기 때문이었는지. 나는 지금껏 한 번이라도 모든 걸 내려놓은 완벽한 휴식을 가져본 적이 있었던가. 휴일에 집에서 쉴 때조차 계속 할일과 걱정거리를 만들어내느라 몸과 마음이 바빴던 내 모습이 떠올랐다. 나는 이 여행을 통해서 바뀌어야겠다고 다짐했다. 쉽지 않겠지만 그것은 나를 고스란히 따라 하며 커 가는 아이를 위해서도 꼭 해야 하는 일이었다.

계속되고 있다면 삶은 아름답다

    간밤에 푹 자고 일어나니 머리도 가벼워지고 시차에도 한결 적응했다. 침대에 드러누워서 어디부터 나가볼까 생각하다가 전날 호텔 로비에서 가져온 얄따란 정보지를 펼쳤다. 호텔에서 직접 만든 'Our Copenhagen'이라는 제목의 책자에는 스태프들이 추천하는 호텔 근처의 산책 명소와 단골 카페, 식당 등이 소개돼 있었다. 이 주변을 잘 모르는 여행자로서는 좀처럼 얻기 어려운, 소소하지만 귀한 정보였다. 나는 책자에서 아침을 먹을 만한 브런치 카페와 아이와 산책하기 좋은 공원을 체크했다.

    테이블 몇 개가 전부인 조그만 브런치 카페는 우리가 첫 손님이었다. 오픈 키친에 선 두 명의 직원이 아침부터 예고없이 나타난 외국인 가족 여행자를 보고 당황한 표정을 감추지 못하는 걸 보니, 정말로 관광객이 잘 찾지 않는 동네 식당인 것 같았다.

우리는 아보카도와 병아리콩 비트 스프레드가 올려진 와플, 두부 패티가 든 채식 버거, 호밀빵, 치아씨 푸딩 등으로 이루어진 코펜하겐식 브런치를 주문했다.

이윽고 포니테일 스타일로 머리를 묶은 직원이 커다란 플레이트를 손에 들고 우리에게 다가왔다. 그러다가 그녀가 그만 발을 헛디뎠다. 방금 전까지 정성스레 만든 요리들과 사기그릇들이 그녀의 손에서 빠져나가 요란한 소리를 내며 흩어지고 깨져버렸다. 가짓수도 많고 손이 많이 가는 요리들이었는데 이를 어쩌나…….

내가 그녀였다면 아마 그 순간에 울컥 치미는 짜증을 숨기지 못했을 것 같다. 그러고는 손님에게 정말 죄송하다고, 금방 다시 만들어 오겠다고 머리를 조아리지 않았을까. 하지만 바닥을 내려다보며 짧은 한숨을 내뱉은 그녀가 한 다음 행동은 고개를 들어 우리에게 미소를 지어 보이는 일이었다. 미안함과 민망함, 허탈함이 모두 담긴 그녀의 미소에 우리도 얼굴을 찌푸리는 대신 편안한 웃음으로 답했다. 괜찮아요, 괜찮아. 우리는 급할 게 없는 여행자랍니다.

우리의 느긋한 반응에 힘을 얻은 그녀는 이내 맛있는 식사를 다시 만들어왔다. 하나하나 신경 써서 만들었다는 게 고스란히 느껴지는 한 끼를 기분 좋게 대접받는 것이 우리의 기다림에 대한 보답이었다.

조깅하다 들어와서 혼자 아침 식사를 하는 코펜하게너들, 유모차를 끌고 온 가족들이 하나둘씩 테이블을 채우기 시작할 무렵, 식사를 마친 우리들은 식당을 나와 아시스텐스 추모 공원 Assistens Kirkegård 으로 향했다. 공원 입구에 다다르자 하늘을 가릴 정도로 높이 솟아오른 포플러 가로수길이 펼쳐졌다.

아시스텐스 추모 공원은 묘지로 조성된 공간이지만 여느 공원과 다를 바 없어 보였다. 큰길 사이사이로는 걷기 좋은 오솔길이 뻗어 있었고 쉴 만한 벤치도 많았다. 묘지에는 세계적인 동화 작가 한스 크리스티안 안데르센 Hans Christian Andersen, 철학자 쇠렌 키르케고르 Søren Kierkegaard, 물리학자 닐스 보어 Niels Bohr 와 같은 유명인들뿐 아니라 한 살배기부터 백 살 할머니에 이르기까지 평범한 덴마크 국민들이 함께 잠들어 있었다.

묘비 주변은 고인이 생전에 좋아하던 물건들과 꽃 등으로 예쁘게 장식돼 있었다. 어린아이의 묘엔 손때 묻은 곰 인형이, 젊은 여성의 묘엔 립스틱과 즐겨 듣던 레코드 앨범이, 갑작스러운 교통사고로 생을 마감한 연예인의 묘엔 닿지 못한 팬레터가, 부모님의 묘엔 정정할 때의 모습이 담긴 사진과 자식들이 남긴 사랑의 메시지가 놓여 있었다.

일찍이 스웨덴의 한 시인은 이곳을 가리켜 '유럽에서 가장 아름다운 추모 공원 중 한 곳'이라면서 '죽음의 장소를 천국처럼 바꾸어 놓았다'고 평했다. 과연 이런 곳에 묻힌다면 죽어도 슬프지 않을 것 같았다. 윤서와 서로 맘에 드는 묘비 찾기 놀이를 하며 공원을 돌아다니던 중, 나는 어느 묘비 앞에서 걸음을 멈췄다.

꿈을 향해 나아가지 않는 것은 감히 꿈조차 꿀 수 없는 이들에 대한 모독이다.

묘비에는 스물두 살에 세상을 떠난 요나스Jonas라는 법학도가 생전에 남긴 말이 쓰여 있었다.

여행을 떠나 오기 전, 나는 유방암 수술을 받았다. 늘 한 치의 의심도 없이 건강하다고 자부해왔고 내 인생은 최소 여든 살까지 별 탈 없이 흘러가리라 생각했다. 암에 걸리고 나서야 나는 난생처음으로 죽음이 생각보다 가까이에 있다는 걸 깨달았다. 머리카락이 다 빠진 채로 병실에 누워 링거병에 담긴 독한 항암제가 몇 통째 줄어드는 걸 바라보고 있을 때면 내 몸이 이미 죽은 것이나 다름없는 빈껍데기처럼 느껴졌다. 약 부작용으로 잠을 이룰 수 없는 밤에 홀로 깨어 있을 때도 나는 어김없이 죽음에 대해 생각했다. 나 없이 흘러갈 세상과 그 속에 남겨질 남편과 아이를 떠올렸다.

그러나 나는 운 좋게도 요나스가 그토록 간절히 원했던 삶을 계속해서 살게 되었다. 그때부터 나는 잠들기 전, '모레 당장 죽게 된다면 내일 나는 무엇을 할까'를 머릿속에 그려보는 습관

이 생겼다. 답은 늘 똑같다. 남편과 아이와 평범하지만 행복한 하루를 보내기, 사랑한다고 말하기, 딸에게 '지금 이 순간을 소중히 여기고 꿈을 향해 나아가라'고 말해주기.

우리는 종종 살아 있다는 것 자체가 엄청난 행운임을 종종 잊고 산다. 나도 여전히 그 사실을 잊어버리고 실의에 빠지거나 인생이 허무하게 느껴질 때가 있다. 하지만 그 우울의 끝에서는 언제나 요나스를 떠올린다. 우리 주변에는 그토록 살기를 갈망했지만 끝내 스러져간 자신 같은 사람이 많이 있다는 것을 요나스는 우리에게 말해주고 싶었을 것이다. 포기하고 싶을 만큼 삶이 버겁게 느껴지는 날에도 우리는 지저귀는 새 소리와 아이들의 웃음소리를, 떠오르는 태양과 빛나는 별을, 하늘에서 떨어지는 하얀 눈송이를 느낄 수 있다.

초록빛으로 물든 공원을 나비처럼 뛰어다니는 아이를 볼 수 있는 그날의 아침도, 내게는 무엇과도 바꿀 수 없는 단 하루였다. 지금 이 글을 쓰는 시간도 마찬가지다. 남은 하루하루가 모두 소중한 나날이다.

도시 전체가 놀이터

조기사는 교육열이 최고조에 달했던 시절의 강남 8학군에서 학교를 다녔다. 매일 방과 후 네다섯 군데의 학원을 번갈아 다니다 보니 학원을 오갈 때 친구들과 과자를 사 먹거나 짬짬이 게임을 하던 것 외에는 딱히 기억에 남는 추억거리가 없단다. 당시 9시 뉴스에서는 8학군이란 말이 자주 등장했는데, 강북에 살던 나는 그 단어를 들을 때마다 '파랑군이라니, 온통 예쁜 파랑으로 가득한 곳인가?' 하고 생각했었다.

어릴 적 마음껏 놀지 못한 아쉬움이 크게 남은 조기사는 윤서를 최대한 놀게 해주려고 한다. 나도 그렇다. 나는 남편보다 자유롭게 컸지만, 마음 한구석에는 늘 공부를 게을리하고 놀기만 한다는 죄책감이 뒤따랐다. 『플레이, 즐거움의 발견』의 저자이자 정신과 의사인 스튜어트 브라운Stuart Brown은 어린 시절 놀이가 우리 삶에 어떤 영향을 끼치는가에 관해 수천 명을 상대로 연구

한 후, 놀이 부족이 몸과 마음의 건강을 위협한다는 점을 밝혀냈다. 놀이가 부족하면 우울증과 만성 스트레스는 물론, 범죄 행동까지 유발할 수 있다는 것. 그래서 우리 부부는 아이가 놀 수 있는 어린이의 권리를 당당히 누릴 수 있도록 도와주기로 했다.

특별한 계획이 없었던 북유럽 여행에서 나와 조기사가 유일하게 지키기로 한 단 하나의 목표는 한국에서보다 더 많은 시간을 놀이터에서 보내자는 것이었다. 코펜하겐은 서울시 면적의 15퍼센트 정도에 불과한 작은 도시임에도 120개가 넘는 공공놀이터가 있어서 우리의 목표를 거뜬히 이룰 수 있었다. 지도에 표시되지 않은 곳도 많아서 도시를 걷다 보면 아이 책가방 속 젤리 봉지처럼 예상 밖의 놀이터가 나왔다. 텃밭을 가꿔 집오리와 염소 등을 키우는 농장이 딸린 놀이터도 있고, 느닷없이 불시착한 비행기와 잔해들이 흩어진 놀이터가 나오기도 했다. 난파선이 모래에 반쯤 파묻혀 있어서 그 속을 돌아다니며 탐험해볼 수 있는 놀이터도 있다.

덴마크의 이러한 창의 놀이터 중 상당수는 코펜하겐에서 탄생한 세계적인 놀이터 디자인 기업 몬스트룸Monstrum이 만들었다. 몬스트룸의 손을 거친 놀이터는 덴마크와 이웃 나라 스웨덴을 비롯한 전 세계에 뻗어 있다. 덕분에 우리는 북유럽 여행을 하면서 디즈니나 넷플릭스보다 몬스트룸의 덕을 더 많이 봤다.

코펜하겐은 1943년 세계 최초의 모험 놀이터가 만들어진 곳이다. 버려진 공사 자재들이나 타이어, 폐목재 등으로 아이들이 직접 놀이를 만들어가는 모험 놀이터의 탄생 배경에는 꽤 의미 있는 이유가 있다.

> 당시 덴마크는 독일 나치의 지배를 받고 있었다. 노동자 부모들은 나치의 통제를 벗어나 아이들에게 놀이를 선택할 자유와 스스로 자율적 질서를 만들어갈 기회를 주고자 했다. 놀이의 자유와 자율을 체득한 아이들이 덴마크 해방을 위한 희망의 씨앗으로 자라길 바랐다. 이처럼 모험 놀이터는 덴마크를 점령한 나치 정부의 지배를 거부하는 자율과 무정부의 공간이었다.
>
> -『마을이 함께 만드는 모험 놀이터』, 김성원, 빨간 소금, 2018

자유를 갈망하는 시민들의 소망 하나하나가 모여 오늘날의 덴마크의 놀이터들이 만들어졌다. 창의나 혁신이라는 단어는 기업에서 개발한 신제품이 아니라, 우리 아이들이 뛰노는 놀이터에 붙여야 마땅해 보인다.

북유럽 아이들은 걸음마를 떼기 시작할 때부터 더러워져도 좋은 점프 슈트를 덧입고 온종일 놀이터에서 노는 덕분에 잔병

DENMARK

치레가 적고 근육도 단단하게 잡혀 있다. 한겨울에는 야광 슈트에 헤드램프까지 달고 놀 정도라고 한다. 덕분에 윤서도 북유럽 놀이터에서 뒹굴며 하루가 다르게 튼튼해졌다.

우리나라의 놀이터 문화가 아직 이 단계까지 이르지 못한 것은 도시 안에서 실컷 놀아본 어른들이 많지 않아서인지도 모른다. 맘껏 놀아본 아이들이 만들어갈 미래의 세상. 그곳에선 어른들도 아이처럼 모두가 신날 게 틀림없다. 파란 것은 하늘이지 8학군이 아니다. 그중에 으뜸으로 파란 것은 신나게 뛰놀던 아이가 문득 올려다본 하늘이다.

아이와 함께 걷는 여행

　나와 조기사는 걷기라면 누구보다 자신 있다. 연애 기간에도 둘 다 걷는 것을 워낙 좋아해서 전국 어디든 손을 꼭 잡고 걸어 다녔다. 걷다가 지치면 언제든 버스나 열차를 이용하면 그만이었다 (이 자리를 빌려 모든 대중교통 운전사 분들께 고마움을 전합니다).

　결혼하고 십 년이 넘은 지금도 우리 부부는 차 없이 다닌다. 아무리 걷기를 좋아한다고 해도 차가 있으면 자연스럽게 운전대로 손이 갈 거라고 생각하기 때문이다. 살을 빼려고 눈앞의 간식을 치워버린다거나 게임을 하지 않으려고 휴대폰 전원을 끄는 것과 같은 개념이다. 차가 있어도 건강한 삶을 잘 유지하는 사람들도 있겠지만 나와 조기사는 그럴 자신이 없다.

　결혼 초반 이런 이야기를 들은 주변 사람들은 "그래봤자 애가 태어나면 분명히 차가 필요할 거(가능하면 SUV로)"라고 말했다. 윤서가 태어나자 우리는 아기 띠를 번갈아 둘러메거나 유모차를 끌며 걸었고 이동이 복잡할 땐 택시를 탔다. 가끔 장거리 이동이 필요할 땐 렌트를 했는데, 그때마다 우리는 예상보다 더 멀리 더 오래 다니면서 더 많은 피로감을 느꼈다. 무엇보다 아쉬운 점은 걸으면서 쉴 새 없이 이어지던 대화가 중간중간 맥없이 끊겨버린다는 점이었다. 언제부터인가 우리는 렌트하기를 그만두었고 급기야 운전면허 갱신도 하지 않았다.

아이가 생기고 나서 우리 부부의 뚜벅이 생활에 생긴 가장 큰 걸림돌은 느림이나 불편함보다는 위험한 도시의 인도 사정과 탁한 공기였다. 다행히 지금은 아이와 마음껏 걸을 수 있는 한적한 소도시에서 살고 있다. 우리는 날마다 아이를 유모차에 태워서 산자락이며 강변을 따라 걸었고, 아이의 몸이 유모차에 꽉 끼게 될 즈음부터는 킥보드를 태웠다. 킥보드마저 졸업하자 윤서는 슬슬 엄마 아빠와 똑같은 속도로 걷기 시작했다.

주변에서 우리 부부에게 많이 하는 질문 중 하나가 "어떻게 하면 걷기 싫어하는 아이와 기분 좋게 산책할 수 있느냐"다. 그럴 때면 우리는 아이에게 걷기의 즐거움을 깨닫게 해줘야 한다고 대답한다. 나와 조기사는 아이가 걷는 모든 길을 놀이로 만든다. 시골길을 걸을 땐 벌레를 잡고, 두꺼비에게 먹이도 주고, 개울에선 물고기도 잡는다. 징검다리를 건너고 강에 돌멩이를 던지며 노래를 부른다. 짤막한 달리기 경주도 하고 뒤뚱뒤뚱 뒤로 걷기 놀이도 한다. 길을 가다 고양이가 보이면 갈대를 꺾어서 사냥놀이를 하고, 동네 강아지에게 줄 간식도 챙긴다. 도시를 걸을 땐 거리의 간판들을 구경하며 가게 이름 거꾸로 읽기나 끝말잇기를 하고, 가상의 인물을 지어내어 역할 놀이를 한다. 북유럽으로 떠나오기 전에도 윤서는 하루에 6~7킬로미터 정도는 거뜬히 걸을 수 있었다.

걷기는 여행의 근본이다. 우리 부부가 여행을 좋아하는 가장 큰 이유는 어쩌면 걷기 때문일 수도 있다. 이번 여행에서도 우리 셋은 대중교통보다는 걷기를 주로 선택했다. 북유럽의 여러 도시 중 코펜하겐은 보행자들에게 가장 최적의 도시다. 중간에 인도가 끊기는 법이 없고 대부분이 평지인 데다 도시 면적도 작아서 아이와 걷기에 전혀 어려움이 없다. 쇠렌 키르케고르가 왜 그토록 코펜하겐을 걷는 일을 사랑했는지 알 것 같았다. 그는 걷기란 '더없는 행복 속으로 걸어 들어가는 동시에 일상의 고통으로부터 걸어 나가는 행위'라고 말하며 보행을 예찬했다.

우리 가족은 코펜하겐의 길 위에서 수없이 많은 이야기를 나누며 걸었다. 여럿이 앉아서 이야기하면 모두의 눈을 동시에 마주 볼 수 없지만, 함께 걸으면 눈 대신 발걸음을 똑같이 맞추며 교감할 수 있다. 우리는 낯선 여행지에서 서로의 속도를 맞춰 걸으며 관계가 더욱 끈끈해졌다. 같은 풍경을 보더라도 각자의 관

DENMARK

점으로 다르게 바라보는 우리는 세 개의 카메라를 달고 다니는 슈퍼 여행자이기도 했다. 걷다가 아이가 힘들어하면 벤치에 앉고, 지루해하면 놀이터에서 놀고, 배가 고프거나 목이 마르면 카페나 식당에 들러서 쉬어갔다. 언젠가는 윤서도 목적지에 도착하기 위해 무조건 빠르고 편한 방법을 택하기보다는, 조금 돌아가더라도 결과보다는 과정을 즐길 줄 아는 사람으로 성장하길 바라면서.

북유럽의 땅을 잠시 빌려 셋이서 걷는 동안 아이의 종아리와 허벅지 근육은 말처럼 튼튼해졌다. 눈에 보이진 않지만, 인생이라는 길고 험난한 길을 걸어가기 위해 필요한 마음의 근육도 단단해지지 않았을까.

덴마크에서 이른 아침 달린다는 것

'매일 아침 저희 스태프와 함께 달릴 투숙객을 모집합니다.'

코펜하겐의 호텔 엘리베이터에 붙어 있던 이 광고를 발견한 때는 늦잠을 실컷 자고 나서 느릿느릿 시내 관광을 나서려던 참이었다. 나는 내 독해 능력을 의심하며 광고지를 다시 찬찬히 읽어 내려갔다. 달리기는 아침 7시 30분부터 한 시간 코스로 진행되며 러닝 전문가가 투숙객에게 올바른 러닝 자세와 근력 운동을 가르쳐준다고 쓰여 있었다. 프런트에서 신청하면 곧바로 참여할 수 있고 가격은 무료. 우리나라의 특급 호텔에서도 찾아보기 어려운 웰니스 프로그램이었다.

코펜하겐에 여러 날 머물면서 나는 그 호텔이 그다지 유별난 곳이 아니었음을 알게 되었다. 코펜하게너들은 대부분 자전거를 타지 않으면 뛰어다닌다고 해도 과언이 아니다. 코펜하겐에서 느긋하게 횡단보도를 건너가려다가는 절반도 도착하지 못하고 단호한 빨간불을 맞닥뜨리게 된다. 코펜하겐 횡단보도의 파란불은 달리기로 건너면 딱 좋을 만큼의 시간 동안만 켜져 있다.

어느 날은 시내에서 하프 마라톤 대회가 열렸다. 아침부터 비가 내려 추운 날씨였는데도 수만 명의 마라톤 참가자들이 거리를 가득 메운 채 뛰어가고 있었다. 유모차를 밀며 뛰는 아빠들, 색색의 가발을 맞춰 쓴 남자들, 분홍 리본에 샤스커트 차림을 한 여성들의 행렬이 끊이지 않고 이어졌다. 탄탄하게 근육이 잡힌 백발의 시니어들도 많았다. 다들 여행 중 어디서나 마주쳤던 평범한 코펜하겐 시민들이었다.

어려서부터 나는 달리기와는 거리가 멀었다. 내가 달리는 상황은 단 두 가지, 화장실이 급하거나 지각했을 때뿐이었다. 엄마는 항상 내가 호흡기가 좋지 않아서 조금만 뛰어도 금세 숨이 차오르고, 조심성이 없어서 자주 넘어지는 아이라고 말했다. 부모가 별생각 없이 무심코 내뱉는 말들이 아이에게는 가치 판단의 기준이 된다. 나는 평범하고 건강한 아이였는데도 '달리면 넘어지고 숨이 가쁜 아이'라고 자신을 규정했다. 그런 내게 죽을힘을 다해서 뛰어야 고등학교 입학 조건을 충족하는 체력장이나, 운동장에 지각생을 모아놓고 먼저 들어온 순서대로 통과시키는 벌칙은 달리기에 대한 공포를 가중했다. 대학생 때 내가 시나리

오를 쓰고 연출한 단편영화의 주인공은 한여름에 삼선 슬리퍼를 신고 좁은 골목을 계속 달려야 한다는 나의 과도한 설정 탓에 무척 고생했다. 그 작품은 내 무의식에 도사리고 있던 달리기에 대한 혐오감을 표출한 것이었다.

아침마다 마주하는 코펜하겐 러너들의 활기를 느끼며 내 안에도 조금씩 '달려볼까' 하는 생각이 자라났다. 나도 매일 달리면 저들처럼 날렵하고 건강해질 수 있을까 궁금했다. 휘게를 핑계로 달콤한 페이스트리와 술을 달고 사는 덴마크 사람들이 유럽 국가 중에서 가장 낮은 비만율을 자랑하는 이유는 생활 속에서 스포츠를 즐기는 덕분이다. 달리기하며 땀을 흘리면 우리 몸속에는 인간의 기분을 좋게 해주는 호르몬인 세로토닌이 나오고, 30분 이상 달리면 엔도르핀과 엔케팔린까지 분출되어 더욱 행복감에 사로잡힌다고 한다. 이른바 '러너스 하이 Runners high'라는 현상이다. 밝은 표정으로 달리는 덴마크 사람들을 보면서 나는 달리기에 과연 그런 말도 안 되는 기능이 숨어 있는지 알고 싶어졌다.

한국에 돌아온 뒤 나와 조기사는 이른 아침의 달리기를 시작했다. 처음 한 달 정도는 정말 힘들었다. 발바닥이며 무릎이며 아프지 않은 곳이 없었다. 어떤 날씨에 어떤 페이스로, 어떤 복장

을 하고 뛰어야 하는지도 감이 오지 않았다. 조기사는 나보다 근력이 좋아서 금세 적응했지만 나는 그야말로 악으로 버텼다.

요즘 우리 부부는 새벽에 일어나 6~7킬로미터씩 달리기를 하는 게 일상이다. 아직 꿈나라인 윤서의 머리맡에 '엄빠는 조깅 감!'이라는 메모를 남겨 두고 나와 조기사는 떠오르는 해를 바라보며 신나게 내달린다. 달리기 습관 덕분에 나는 기분 좋은 하루를 시작하게 되었다. 아이에게 몸도 마음도 예전보다 건강하고 활력 있는 엄마의 모습을 보여주게 됐다는 뿌듯함이야 이루 말할 수 없다.

> 만약 당신이 깨어나는 도시, 지붕 위를 비추는 태양,
> 아침 안개가 얼굴에 닿을 때의 기분 좋은 감촉을 느끼게 된다면,
> 따뜻한 이불에서 빠져나오는 것쯤은 어려운 일이 아닐 거예요.

코펜하겐 호텔의 광고지에 쓰여 있던 글귀다. 이제 내게 달리기란 타인과 경쟁하는 일도, 무엇인가에 쫓기는 일도 아닌 오롯이 나만의 즐거움을 위한 행위다. 사십 년 만에 나의 뇌에도 드디어 달리기를 긍정하는 시냅스가 만들어졌다고나 할까. 다시 코펜하겐을 가게 된다면 나도 그들과 함께 뛰며 하루를 시작하고 싶다. 이제 막 깨어나는 코펜하겐의 아침 속으로. 그때는 둘이 아닌 셋이서.

괜찮아요, 아무 문제 없어요

여행을 가기 전에 읽은 책들에서 접한 덴마크 사람들에 대한 이미지는 대체로 '일 년의 반 이상을 혹독한 추위에서 보내는 유머 감각 없고 따분한 사람들'이었다. 북유럽 관련 책을 쓴 저자들은 세상에서 가장 행복한 나라로 알려진 덴마크식 행복의 비결을 깊게 탐구하는 한편, 덴마크 사람들이 지나치게 공동체와 휘게에 집착한 나머지 혁신과 야망을 펼치지 못한다는 비판을 잊지 않았다. 덴마크 사람들이 정말 그렇게 '노잼'일까? 그들은 그저 사회민주주의에 순응하고 있기 때문에 자신들이 마냥 행복하다고 착각하고 있는 걸까?

막상 덴마크로 와 보니 이곳은 그냥 '노잼'이 아니라 '핵노잼'이었다. 프랑스나 이탈리아에서나 볼 법한 '죽기 전에 꼭 봐야 할' 건축물이나 미술품은 애초에 기대하지 않았지만, 어린아이와 즐길 만한 소소한 구경거리라든지 재미난 상점 같은 것도 찾아보기 어려웠다. 혹시 버스킹이라도 볼 수 있을까 기대했는데, 여름이 지나서인지 운이 없었던 건지 한 번도 보지 못했다(이 글을 쓰며 '덴마크 버스킹'에 대해 검색을 해보았다가 2018년 덴마크 북부 도시 알보그Alborg에서 노래를 너무 못 한다는 이유로 경찰이 출동해 집으로 보내진 어느 비운의 버스커에 관한 기사를 발견했다).

서점 베스트셀러 코너에 꽂힌 책들은 죄다 암울한 표지의 스릴러물이고 TV를 틀면 수염이 꺼칠꺼칠한 형사들이 등장하는 범죄수사극만 나왔다. 밤이 되면 인형 탈을 쓴 사람을 비롯한 여러 명의 출연자가 각자의 방에서 쿨쿨 잠이 드는 모습을 반복적으로 보여주는 채널도 있었다. 굳이 그렇게까지 적극적으로 수면 유도 방송을 하지 않아도 되었을 텐데. 아이돌 오디션 프로그램을 봐도 충분히 졸렸으니까. 그렇지만 덴마크에는 나의 이 모든 불평불만을 거두게 하는 예상치 못한 즐거움이 하나 있었다. 바로 덴마크 사람들이었다.

내가 만난 덴마크 사람들은 과묵하지 않았다. 오히려 먼저 묻지 않아도 굳이 나서는 참견쟁이에 가까웠다. 그들은 우리가 건물 앞을 서성이면 "당신들, 현관문을 열고 싶은 거구면?", "입구는 저쪽이에요!", 아이가 발을 동동 구르고 있을 땐 "화장실 찾죠?"라며 묻지 않아도 다가와 도와주었다. 멀쩡히 가던 길이나 하던 일을 멈추고 우리를 흘끔흘끔 바라보면서 발뒤꿈치를 움찔거린다는 것은 덴마크 사람들이 우리를 도와주고 싶다는 신호였다. 어느 땐 친절함이 너무 과한 나머지 당황스럽고 미안한 상황도 벌어졌다. 동전 빨래방이 어떻게 생겼는지 궁금해서 슬쩍 안을 둘러보고 돌아가는 길, 우리 뒤를 몇십 미터나 쫓아와 "저기요, 빨래방 이용법을 모른다면 내가 알려주려고요!"라며 숨을 헐떡이던 푸근한 몸집의 아주머니, 멋쩍게 돌려보내서 죄송합니다. 게다가 길을 물어오는 낯선 사람에게 친절하게 대답해준답시고 반대 방향을 알려 주고는 뒤늦게 후회하는 건 나뿐인 줄 알았는데, 덴마크에도 나 같은 허당이 많았다. 그런데 한 사람도 아니고 여러 사람이 다 다른 방향을 말하면 어떻게 해야…….

"No Problem!", "OK, 3초만 기다려!"를 입버릇처럼 달고 사는 덴마크 사람들 덕분에 우리는 아이와의 여행에서 발생하는 자잘한 문제들을 제법 잘 해결해나갈 수 있었다. 어느 식당 주인은 샌드위치와 음료만 주문한 우리에게 "아마 아이 입맛에 맞을 거예요."라며 김이 모락모락 나는 닭고기 커리 크림 파스타를 건네준 적도 있다. 돌아가는 길에는 아이 간식으로 먹이라며 큼지막한 초콜릿 머핀 두 개를 집어 종이봉투에 싸주기까지 했다. 그 중 덴마크인의 도움으로 곤경에서 벗어나게 된 결정적인 사건이 있었는데…… 이는 뒤에서 다시 이야기하겠다.

덴마크는 우리나라 크기의 반절도 되지 않는 작은 나라다. 바이킹의 나라로 함께 위엄을 떨쳤던 스웨덴과 노르웨이와 비교하면 눈물이 앞을 가릴 정도로 초라한 크기에 인구는 우리나라의 10분의 1밖에 되지 않는다. 덴마크는 과거 영토의 대부분을 잃는 바람에 전 국민이 큰 충격에 휩싸였던 뼈아픈 역사를 간직하고 있다. 가난한 농민들의 삶은 참혹했다. 그러나 덴마크 사람들은 '밖에서 잃은 것은 안에서 찾자'라는 구호 아래 똘똘 뭉쳤다. "부자가 적고 가난한 사람은 더 적을 때, 사회는 풍요로워진다."는 유명한 말은 당시 농민 교육에 앞장선 니콜라이 그룬트비 Nikolaj Grundtvig가 남긴 것으로, 빈부격차와 불평등이 심했던 덴마크에 평등 의식을 뿌리내리게 되는 시초가 되었다.

덕분에 오늘날 덴마크는 GDP와 국민행복도조사, 신뢰지수나 평등지수 등 모든 면에서 매년 최고 수준을 유지한다. 평화롭고 안정된 사회에서 비슷한 사고방식을 지니고 살아가는 덴마크 사람들에게 돌연 나타난 동양인 가족 여행자의 쭈뼛거림은 잔잔한 호수에 이는 파문처럼 여겨졌는지도 모른다.

"덴마크 사람들이 친절하게 대해줘서 여행이 아주 즐거워요." 숙소 주인에게 이렇게 말하자, 그녀가 별일 아니라는 듯이 어깨를 으쓱하며 대답했다.

"그래요? 아마 당신들이 좋은 사람들이기 때문이겠죠."

상대방을 높여주고 자신의 품격도 함께 올라가는 참으로 멋진 대답이었다. 언젠가는 나도 누군가에게 저런 말을 해줄 수 있을까. 내가 뭐라고 대답해야 좋을지 머뭇거릴 때 그녀가 말했다.

"참, 그건 그렇고 내가 마침 주말에 손녀한테 갖다주려고 쿠키를 굽던 참이거든요. 당신 딸도 맛보게 해주고 싶어요. 잠깐 기다려줄래요?"

짙은 밤색 머리카락을 휘날리며 긴 다리로 경중경중 주방으로 뛰어 들어가던 그녀의 뒷모습을 보며 나는 덴마크인의 마음의 풍요를 생각했다. 많은 학자가 연구를 통해 밝혔듯이 행복해지기 위해서 그리 큰 돈은 필요하지 않다. OECD에서 더 나은 삶의 지수를 측정하고자 제시하는 질문 중 '내가 필요할 때 도와줄 수 있는 사람이 얼마나 있는가?'라는 항목에 우리나라의 순위는 최하위권에 머무른다고 한다. 타인에게 도움을 받으면 고마운 마음이 들고 내가 타인을 도울 수 있으면 기쁘다. 여기에 내 도움을 받은 사람이 나를 치켜세워주면 나의 자존감도 올라간다. 이 루틴이 꾸준히 반복되는 사회라면 그곳은 진정 살 만한 사회일거란 생각이 들었다.

1940년대 뉴욕에서 활동하던 재즈 피아니스트 듀크 조던 Duke Jordan은 한때 스타 뮤지션들과 함께 이름을 날렸지만 마약과 방탕한 생활에 빠져 생활고를 겪었다. 덴마크로 떠난 연주 여행에서 새로운 가능성을 발견한 그는 1973년 <Flight to Denmark>를 발표하면서 뒤늦은 전성기를 누리게 되었고 그 후 코펜하겐에 정착했다. 덴마크의 새하얀 눈밭에 홀로 서 있는 재킷이 인상적인 이 앨범의 1번 트랙은 <No Problem>이다. 아마 그도 덴마크 사람들의 격려에 안정을 찾고 늦은 나이에도 재기할 수 있는 힘을 얻은 게 아니었을까.

괜찮아, 아무 문제 없어. 내가 도와줄게. 넌 절대 혼자가 아니야. 누구든 실패할 수 있고 언제든 다시 일어설 수 있어. 나의 소중한 사람들에게 듣고 싶은 말이자 내가 그들에게 해주고 싶은 말이다.

DENMARK

Copenhagen | København

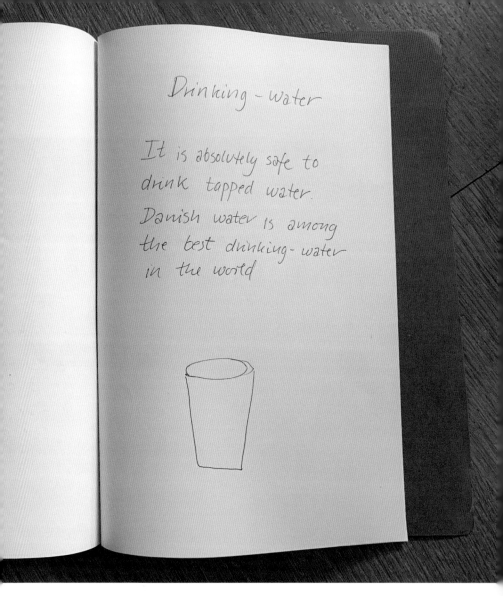

Drinking - water

It is absolutely safe to
drink tapped water.
Danish water is among
the best drinking - water
in the world

이 수돗물은 완전히 안전해요. 덴마크 물은 세계 최고랍니다.

－숙소 주인백

북유럽의 물과 화장실 이용법

일곱 살 윤서의 여행 회화 사전에서 가장 중요한 문장 중에는 "엄마, 목말라."와 "엄마, 쉬 마려워."가 있다(그 밖에 "언제까지 가야 해?", "놀이터 어딨어?", "간식 먹고 싶어"가 있다). 어린아이들은 물은 목이 마르지 않아도 마실 수 있을 때 미리 마셔두고, 용변이 급하지 않아도 화장실은 눈앞에 보일 때 다녀와야 한다는 여행자의 기초 상식을 이해하지 못하기 마련이다. 그래서 이번에는 아이와 북유럽을 여행하는 데 특히 중요한 물과 화장실 사용법을 이야기해보려 한다.

먼저 북유럽의 물 사정부터 얘기해보자. 북유럽 사람들은 자기네 나라 수돗물은 빙하에서 흘러나오는 깨끗한 물이라는 자부심이 있어서 물을 따로 사서 마신다는 개념이 없다. 덴마크에 도착한 첫날, 호텔 직원은 우리에게 물이 필요하면 화장실 세면대에서 떠다 마시라는 조언을 해주었다. 알겠다고 대답은 했지만 영 꺼림칙했다. 우리는 결국 피곤한 몸을 이끌고 생수를 사러 마트에 갔다.

그러나 북유럽의 마트에서 판매하는 생수는 탄산이 첨가된 것들이 대부분이다. 일반 생수는 눈에 잘 띄지 않는 곳에 한두 종류 구색 맞추기로 놓인 정도다. 이런 사정을 모르고 난처한 표정으로 생수 판매대 앞을 서성이던 여행 첫날, 우리에게 선량한 코펜하겐 시민들이 하나둘 다가와 말을 건넸다. "숙소에 컵 있죠? 괜히 생수 사다 마시지 말고 세면대 물을 떠다 마시면 된다니까요." 그들은 모두 마지막에 이 말을 꼭 덧붙였다. "우리 덴마크 수돗물은 세상에서 제일 깨끗하고 맛있다고요!"

네에, 그러시겠지요. 하지만 저희는 어린아이도 있고…….

우리는 며칠 동안 생수를 사 마시며 버티다가 결국 백기를 들었다. 2리터짜리 생수병을 짊어지고 다니는 것도 일이었고 생수 가격은 매번 사 마시기에 터무니없이 비쌌다. 가볍게 들고 다닐 수 있는 500밀리리터짜리 편의점 생수는 행사 가격이라고 해도 한 병에 2천 원이 넘었다. 다 마시고 나서 마트 구석에 있는 페트병 반환기에 빈 병을 집어넣으면 몇백 원 정도 되는 병값을 되돌려 받을 수 있었지만, 깜빡 잊었을 땐 금세 빈 병이 재활용 쓰레기 모으듯 늘어났다. 게다가 직접 따르는 게 아닐 뿐이지 카페나 식당에서 주는 수돗물은 어차피 매일 마시고 있었는데, 솔직히 페트병에 든 미지근한 시판 생수보다 수돗물이 더 시원하고 맛있게 느껴지기도 했다. 어쩌면 나도 모르게 '북유럽 수돗물은 세상에서 제일 깨끗하다'라는 반복되는 캐치프레이즈에 세뇌되었는지도 모른다.

그래서 처음엔 호텔 화장실 물을 받아 마시는 것부터 시작했다. 대형 쇼핑몰이나 공공화장실의 물을 마시기는 여전히 망설여졌기 때문에 우리는 아침에 일어나면 빈 페트병에 물을 채워서 숙소를 나왔다. 그렇지만 이런 생활도 그리 오래 가진 못했다. 스웨덴의 한 놀이터에서 놀던 윤서가 목이 마르다고 했던 날, 나는 판도라의 상자를 열 듯 놀이터 화장실 수도꼭지를 틀고야 말았다.

한국으로 돌아와 인터넷 카페를 둘러보던 중, 스웨덴에 간 우리나라 유학생이 목이 마른 데도 학교 화장실 물을 마시기가 싫어서 참고 버텼다가 죽을 만큼 괴로웠다는 게시글을 읽었다. 대단히 공감 가는 글이었다. 학생, 참 수고가 많았네. 하지만 학생도 지금쯤 아무렇지 않게 수돗물을 떠다 마시고 있겠지?

한 가지 더 재밌는 일은 덴마크 사람이 우리나라에 오면 반대의 상황이 벌어진다는 사실이다. 예능 프로그램 <어서 와~ 한국은 처음이지?> 덴마크 편에서는 아침에 명동의 한 호텔에서 일어난 덴마크 청년이 빈 생수병을 들고 화장실로 가서는 물을 한가득 채워 오는 장면이 나온다. 자, 잠깐, 멈춰! 역시 습관이란 건 무섭지 아니한가.

물 이야기는 이 정도로 하고 이번엔 화장실 사용법을 이야기해볼까. 덴마크를 비롯한 북유럽의 화장실은 대형 쇼핑몰이나 놀이공원 등 규모가 큰 관광지를 제외하면 대부분 남녀공용이다. 처음에는 불특정 다수의 남녀가 함께 사용하는 화장실이니 혹시나 더럽지 않을까 문을 열기 두려웠다. 하지만 여행하며 다닌 북유럽의 수많은 화장실은 거짓말처럼 깨끗했다. 제아무리 청소를 수시로 한다 해도 뛰어난 시민의식이 있지 않고는 불가능한 일이다. 반짝반짝 잘 닦인 화장실에는 아늑한 조명 아래 멋진 그림이 걸려 있고 내부도 우리나라의 가족 화장실 크기 정도로 넉넉했다. 한 칸에 좌변기와 세면대가 함께 있다는 것도 아이와 사용하기에 편리한 점이었다.

북유럽은 여느 서유럽 국가들보다 화장실 인심도 후했다. 공원이나 놀이터, 도서관 등 공공시설에 설치된 화장실은 언제든 편리하게 사용할 수 있고 그다지 붐비지 않는 지역이라면 쇼핑몰이나 백화점 화장실도 곧잘 무료로 사용할 수 있다. 다만 도심 한복판에 있는 역이나 쇼핑몰의 화장실은 1유로 정도의 별도 이용료를 내야 한다. 화장실을 쓰기 전에 돈을 내는 일은 돈이 아까운 걸 떠나서 볼일이 급한 상황에서는 매우 성가신 일이다. 수중에 지폐밖에 없다면 동전 교환기에서 동전을 바꾸는 과정까지 거쳐야 하니까. 그래서 우리는 숙소를 나서기 직전에 반드시 볼일을 보고, 유료 화장실을 이용할 일이 생기면 되도록 셋이서 함께 들어갔다(이 또한 남녀공용 화장실의 장점 중 하나다).

덴마크, 스웨덴, 핀란드 세 나라 중 무료 화장실을 가장 잘 갖춘 곳은 핀란드였다. 특히 헬싱키에서는 번화가의 쇼핑몰과 백화점 화장실들도 상당히 많이 무료로 개방돼 있다. 여기서 잠깐 꿀팁, 1~2층까지 화장실이 잠겨 있더라도 포기하지 말고 한두 층만 더 올라가 보자. 활짝 열린 화장실이 당신을 기다리고 있을 확률이 높다.

물 마시기와 화장실 쓰기. 이 두 가지는 얼핏 서로 다른 주제처럼 보여도 북유럽에서는 한데 묶인다. 북유럽에서는 화장실에서 물도 마시고 볼일도 볼 수 있기 때문이다.

공원에서 만난 월드 바리스타 챔피언

　우리 가족은 카페족이다. 손님이 별로 없는 이른 아침이나 늦은 저녁에 카페에 가서는 몇 시간이고 시간을 보낸다(이 글을 쓰는 지금도 우리는 카페에 있다). 윤서도 어릴 때부터 그리기 도구나 읽을거리를 챙겨서 카페에 다녔더니 일곱 살이 되자 창가의 일인용 테이블에 따로 앉겠다고 할 정도로 카페 생활에 익숙해졌다. 카페에 온 손님들은 혼자 의자에 앉아 어린이용 주스를 홀짝이며 뭔가를 열심히 끄적거리는, 발이 공중에 대롱대롱 떠 있는 윤서를 신기한 듯 쳐다본다.

　카페를 고를 때는 몇 가지 조건이 있다. 우선 분위기와 커피 맛이 좋아야 하고, 해가 잘 들며, 음악적 취향도 나와 맞아야 한다. 나는 카페에서 책도 읽고 작업도 하지만, 마음에 드는 음악이 흘러나오면 노래 제목을 찾아주는 앱을 실행해서 곡 정보를 은밀히 수집하는 일을 즐긴다.

코펜하겐의 카페들은 이런 요건을 다 충족한다. 커피 맛, 인테리어, 조명, 음악 모두 합격. 점심에는 건강식 식사도 할 수 있다. 근무시간이 유연한 탓인지 카페에는 노트북을 켜고 일하는 코펜하게너들이 많아서 대체로 조용한 분위기다.

덕분에 우리는 코펜하겐에 머무는 동안 카페 생활자의 임무를 성실하게 해낼 수 있었다. 동전 빨래방에서 빨래가 마르는 시간, 놀이터에서 놀다 지친 아이에게 상큼한 주스 한 잔이 필요한 시간, 덴마크의 변덕스러운 날씨를 피해 따뜻하게 몸을 데우고 싶은 시간이면 우리는 어김없이 코펜하겐의 카페를 찾았다.

여행을 떠나오기 전, 사실 나는 그토록 좋아하던 커피를 일년 동안 끊고 지냈다. 항암 치료 탓에 카페인이 든 음료나 당분 함량이 높은 디저트류를 의식적으로 피하게 되었기 때문이었다. 카페에 간들 집에서도 자주 마시는 허브티 종류만 고르게 되니, 카페를 찾는 횟수가 확연히 줄어들었다. 북유럽은 전 세계에서 가장 커피 소비량이 많은 곳인 만큼 우리나라 못지않게 어딜 가든 카페가 많았지만, 커피 없이 앉아 있는 카페는 의자 다리가 맞지 않아서 삐거덕대는 듯 불편한 기분이 들어서 가고 싶지 않았다. 그랬던 내가 북유럽에서 커피 한 잔의 여유를 되찾게 된 건 그녀와의 만남이 있었던 덕분이었다.

아시스텐스 추모 공원에서 산책을 끝내고 되돌아갈 때였다. 한참을 뛰어다니며 놀던 윤서가 그만 입구에서 풀썩 주저앉아버렸다. 아이들이란 놀 때는 지친 줄도 모르고 놀면서 다 놀고 나면 한 걸음도 못 걷겠다고 엄살을 부려대는 존재다.

"엄마! 다리 아파!"

평일 아침의 고요한 공원에서 윤서가 내뱉은 이질적인 한국말은 주위의 적막을 깨뜨렸다. 마침 자전거를 끌고 공원에 들어서던 젊은 동양인 남녀가 윤서의 소리를 듣고 발걸음을 멈췄다.

'엇, 딱 봐도 한국 사람이로군.' 우리는 서로 같은 의미의 눈빛을 주고받으며 어색하게 스쳐 지나갔다. 그러고는 윤서를 일으켜 세우는 찰나, 내 머릿속에 잔상 하나가 떠올랐다. 나는 조기사의 어깨를 툭 치며 물었다.

"방금 그 사람, 맞지?"

"엇, 나도! 어디선가 본 얼굴인데, 누구지?"

"누구긴! 월드 바리스타 챔피언이잖아!"

작고 다부진 체구에 짧게 묶은 머리, 생글생글한 눈웃음이 매력적인 그녀는 분명 2019년 월드 바리스타 챔피언 대회에서 한국인 최초로 우승 트로피를 거머쥔 바리스타 전주연 씨였다. 나와 조기사는 그녀의 경연 영상을 숨죽이며 지켜봤었다. 수많은 관계자들 앞에서도 침착한 손놀림과 밝은 표정을 잃지 않고 자신보다 큰 키의 심사위원들과 눈을 마주치고자 테이블 위에 걸터앉아 또박또박 자신의 커피 철학을 설명해 나가는 그녀가 정말 대단해 보였다. 언젠가 부산에 있다는 그녀의 카페에 꼭 가봐야겠다고 생각했는데.

나보다 눈썰미는 없어도 변죽은 몇 배나 좋은 조기사가 그녀에게 인사를 하겠다며 쫓아갔다(나와 조기사는 번번이 이런 식이다. 내가 먼저 사람을 알아보면, 조기사가 다가가서 인사한다).

"저, 혹시 바리스타…… 아닌가요?"

"아, 네, 맞아요!" 그녀가 유쾌하게 대답하며 말을 이었다.

"실은요, 아까 공원 입구에서 아이가 다리 아프다고 말하는 거 들었어요. 이런 데서 한국 사람을 만나다니 진짜 반가웠지 뭐예요. 하하!"

그녀는 과연 영상에서 본대로 서글서글하고 친화력이 좋은 사람이었다. 주연 씨는 올봄에 대회에서 우승한 뒤로 각국에서 초청 요청이 들어오는 바람에 대부분의 시간을 해외에서 체류하는 중이라고 했다. 그날 저녁에도 코펜하겐의 한 카페에서 열리는 경연에서 커피 시연이 있을 예정이었다. 우리는 함께 사진도 찍고 연락처도 교환했다. 헤어지기 전 주연 씨가 내게 물었다.

"커피 좋아하세요?"

나는 순간 말문이 막혔다. 초면인 데다 월드 바리스타 챔피언인 사람을 앞에 두고 "저는 사실 암 환자예요. 커피가 숙면과 약의 흡수를 방해한다고 하여 끊은 지 좀 됐어요. 이런 얘기를 바리스타 님 앞에서 한다는 게 상당히 민망하군요. 원래는 커피를 좋아해서 집에서 매일 핸드드립을 즐겼어요. 커피가 도리어 암을 예방한다는 이야기도 있죠. 저도 믿고 싶지만 의학적으로 확실하게 증명된 것은 아니라고 하더라고요. 하루에 한 잔 정도는 저도 괜찮지 않을까 생각도 합니다만, 아직 치료가 끝난 지 얼마 안 된 상황이라서 각별히 조심하고 있어요.”라고 길게 설명할 수 없었다. 이거야말로 인터넷 용어사전에서 '갑분싸'를 설명할 때 실릴 만한 좋은 예다. 나는 다소 과장된 제스처로 어색함을 감추며 대답했다.

“아, 그럼요. 좋아하죠!”

그러자 주연 씨가 활짝 웃으며 말했다.

“그래요? 그럼 코펜하겐 카페들을 꼭 가보세요. 여긴 괜찮은 카페가 정말 많더라고요. 이따 카페에서 경연하는 것도 보러 오시고요. 이 근처예요.”

주연 씨와 헤어지고 나서 나는 오랜만에 카페에서 커피를 마시고 싶다는 열망으로 들끓었다. 아무렴 월드 바리스타 챔피언이 추천하는 카페를 안 가볼 수 있을까. 핑곗거리도 딱 좋았다. 오후 7시에 열리는 커피 경연은 아이가 숙소에서 쉬어야 할 시간이라 가지 못할 듯했지만, 그 대신 낮에라도 그녀가 경연을 펼칠 그 카페에 들러보기로 했다.

우리는 코펜하겐에 도착한 뒤 처음으로 카페 테이블에 둘러 앉았다. 그리고 나는 플랫 화이트, 조기사는 카페라테, 윤서는 애 플주스를 주문했다. 거리를 걷는 것도 좋고 아이와 놀이터를 돌 아다니는 것도 재밌었지만, 이렇게 카페에서 느긋하게 시간을 보내는 일 또한 그에 못지않은 즐거움 중 하나라는 걸 그동안 잊 고 있었다. 게다가 이 그윽한 커피 향이 얼마만인지. 라테에 담긴 초코칩처럼 온몸이 스르르 녹아내리는 기분이었다. 윤서는 숙소 에서 챙겨온 장난감들을 테이블 위에 꺼내 놓고는 역할극을 하 고 그림도 그리면서 자기만의 시간을 보냈다.

그날을 계기로 우리 셋은 다시 카페족으로 돌아갔다. 잠시 외면했던 검고 쌉쌀한 음료에 기대어 조금은 위로받아도 괜찮겠 다는 생각이 들었다. 길을 걷다가 쉬고 싶은 마음이 들면 언제든 근처의 적당한 카페를 골라 눌러앉았다. 주연 씨를 만나지 않았 다면 놓쳐버렸을 행복이었다.

Copenhagen | København

인생의 행복은
'호밀빵 & 소시지 밸런스'에 있다

무겁고 딱딱하며 시큼한, 인류의 보편적인 입맛을 무시한 빵. 별점을 매긴다면 한 개도 주기 싫은 맛. 이것은 내가 덴마크식 호밀빵 루그브뢰드Rugbrød를 처음 먹고 난 뒤의 소감이다. 하지만 여행에서 돌아온 지금, 루그브뢰드는 북유럽의 수많은 먹거리 중 가장 그리운 음식이 되었다.

북유럽 사람들의 식탁에는 호밀빵이 빠지지 않고 올라온다. 영화나 만화 속에서는 바이킹의 야만성을 강조하고자 그들을 육식 파로 묘사하곤 하지만, 본래 바이킹은 호밀빵과 과일, 야채, 생선, 순록고기 등 담백한 음식을 주로 먹었다고 한다. 루그브뢰드는 정제된 밀가루로 만드는 흰 빵과 다르게 100퍼센트 호밀에 견과류와 씨앗을 잔뜩 넣어서 단백질과 식이섬유까지 야무지게 보충해준다. 우리로 따지면 현미잡곡밥이랄까. 이 밀도 높은 빵 위에 버터를 바르고 야채나 고기, 생선, 치즈 등을 취향껏 올려

먹으면 든든한 한 끼가 되어줄 덴마크식 오픈 샌드위치가 완성된다. 루그브뢰드는 다른 재료들의 맛을 해치지 않아 먹으면 먹을수록 희한하게 빠져들었다.

한국에 돌아온 뒤에 나와 조기사는 몇 개월간 루그브뢰드 금단 증상을 겪었다. 우리나라에도 루그브뢰드를 만들어 파는 곳이 있긴 하지만 가격이 너무 비싸서 자주 사 먹기에 부담스러웠다. 천연 효모로 장시간 발효한 사워도Sourdough를 스타터 반죽으로 쓰는 루그브뢰드를 만들려면 재료비와 품이 많이 든다. 사정이 이렇다 보니 한국에 사는 덴마크 사람들도 이 호밀빵을 먹지 못하는 게 한국살이의 가장 아쉬운 점이라고 한다.

주식이 루그브뢰드인 것에서도 알 수 있듯이 덴마크 사람들은 건강식을 즐기는 민족이다. 그래서인지 온갖 생활 스포츠의 달인에 영양까지 골고루 챙겨 먹는 덴마크 사람들 중에는 유독 근육질의 균형 잡힌 몸매의 소유자가 많다.

그렇지만 얼핏 금욕주의자로 보이는 덴마크 사람들의 평균 수명은 생각보다 그리 길지 않다. 그들은 짭짤한 소시지와 기름진 페이스트리를 마음껏 즐기는 데다 1인당 주류와 담배소비량이 어마어마한 쾌락주의자적 면모 또한 갖고 있기 때문이다. 덴마크는 세계보건기구WHO가 지정한 1군 발암물질인 햄과 소시지의 최대 생산국이기도 하다.

나는 한때 앞서 이야기한 것처럼 커피를 매몰차게 끊었을 뿐 아니라 암의 재발을 막기 위해 인스턴트 음식을 무조건 피하고 자연식만 먹어야 한다는 강박이 있었다. 어쩌다 기름지고 자극적인 음식을 입에 댈 때는 수명이 일 년씩 줄어드는 기분이었다. 치킨, 피자, 짜장면은 내 인생에서 완전히 퇴출당했다. 내가 걸린 암의 종류는 일반적인 종양보다 독한 성질의 것이어서 별도의 치료제가 없었으므로, 당시에는 먹거리에 유난히 민감했다.

그러나 건강에 대한 지나친 강박 또한 암을 유발하는 가장 큰 원인 중 하나인 스트레스를 만든다. 나는 덴마크를 여행하며 삶을 살아가는 데 있어서 어느 한쪽에 지나치게 치우치는 것은 좋지 않다는 생각이 들었다. 그리고 자연스레 일과 휴식의 밸런스를 찾고, 균형 잡힌 생활습관을 고려하게 되었다. 그 덕분에 요즘엔 먹고 싶은 건 적당히 먹고 지낸다. 대신 과일과 야채도 잘 챙겨 먹고 밤에는 푹 자며, 꾸준한 운동과 햇볕 쬐기를 실천하며 산다. 물론 지금은 암에 걸리기 전보다 훨씬 건강한 몸을 유지하고 있다.

덴마크는 일과 여가의 균형을 뜻하는 '워라밸Work-Life Balance'이 전 세계에서 제일 높은 나라로 알려졌다. 나는 여기에 '호소밸(호밀빵-소시지 밸런스)'이 높은 나라라는 타이틀도 하나 더 붙여주고 싶다. 인생의 행복은 호밀빵과 소시지가 함께해야 더욱 커지는 법이므로.

우린 모두 예술가로 태어났지

"엄마, 뭐야…… 여기 놀이터 없잖아."

윤서는 금방이라도 눈물을 쏟을 기세였다. 코펜하겐 교외에 있는 루이지애나 미술관Louisiana Museum까지 아이를 데려갈 구실로 그곳에 가면 재미난 놀이터가 있을 거라고 장담했던 게 화근이었다. 미술관에 오기 전, 홈페이지에서 아이들이 잔디밭을 뒹구는 사진이나 야외 조각상 위에 올라타서 놀고 있는 사진들을 몇 장 보기도 했고, 놀이터의 나라인 덴마크에 대한 신뢰도 있었다. 설마 놀이터 하나쯤은 있겠지 했다.

지하철과 기차를 번갈아 타고서도 한참을 걸어 도착한 평일 오후의 미술관에는 사진에서 보던 것과 다르게 뛰노는 아이들이 한 명도 없었다. 너른 잔디 위에 점점이 놓인 유명 조각가들의 야외 조각상에 아이더러 선뜻 올라가 보라고 할 용기도 없었거니와 윤서도 당연히 내켜 하지 않았다. 옆에서 지켜보던 조기사가 미간을 찌푸렸다. 바람도 물결도 유난히 잔잔한 날, 새파란 발트해가 발아래로 펼쳐진 덴마크 모더니즘 건축의 걸작이라는 루이지애나 미술관에 와서 놀이터가 없다는 이유로 눈물이 그렁그렁 맺힌 일곱 살 아이. 이 상황이 불편해진 남편. 나는 과연 무사히 이 두 사람과 우아하게 전시실을 둘러볼 수 있을까?

나는 미술관 특별 전시 관람을 일단 뒤로 미루고 아이들을 위한 미술 체험 구역인 칠드런 윙Children Wing부터 가보기로 했다. 놀이 시설은 아니어도 그림을 그리거나 뭔가를 만들면 아이의 울적한 기분이 사라지지 않을까 하는 기대를 걸었다.

칠드런 윙 미술 체험실에서는 윤서 또래의 덴마크 아이들 십여 명이 물감 범벅이 된 가운을 걸친 채 선생님, 보호자와 함께 미술 워크숍 프로그램에 열중하고 있었다. 우리는 한쪽에 마련된 빈 책상에 자리를 잡았다. 워크숍은 사전 예약제여서 참가할 수 없었지만 방문자들이 자유롭게 미술 활동을 할 수 있는 테이블이 따로 마련돼 있었다. 테이블 위에는 고급 용지가 펼쳐져 있고, 통에는 색색의 물감과 다양한 크기의 붓이 가득 담겨 있었다. 미술 가운을 걸친 윤서는 꽤 흥분된 눈빛으로 의자에 앉아서 붓을 들었다.

잡지나 책에서 루이지애나 미술관의 아름다움에 대해 이야기할 때 가장 흔히 등장하는 풍경은 레이크 갤러리Lake Gallery다. 스위스의 조각가 알베르토 자코메티Alberto Giacometti의 조각품이 전시된 레이크 갤러리는 커다란 통유리창 밖으로 길게 드리운 버드나무와 호수가 훤히 내다보여 예술품과 건축, 자연물이 조화를 이루는 하나의 작품이라 손꼽힌다.

하지만 내가 마음을 뺏긴 루이지애나 미술관 최고의 풍경은 칠드런 윙 미술실에 있었다. 나는 창작에 몰입한 아이들의 순수하고 열정적인 모습을 바라보는 것이 오래된 조각품을 감상하는 일보다 특별하게 느껴졌다. 더구나 이곳에서도 통유리창 너머로 레이크 갤러리와 같은 풍경을 감상할 수 있다.

윤서는 야외 놀이만큼 그림 그리기를 좋아하는 아이다. 한번은 그림 그릴 종이가 떨어졌다고 했더니 "종이가 없으면 내 인생은 끝이야!"라며 반 고흐도 남기지 않은 명언을 남긴 적도 있다. 한때는 아이가 그림 그리기를 좋아하니까 세계적인 명화를 보여주거나 유명 화가의 전시회를 자주 접하게 해줘야겠다는 생각도 했다. 대가의 작품들을 많이 보여주면 아이의 그림 세계가 한층 깊어질 거라는 기대감이 있었다. 하지만 그럴 때마다 아이의 반응은 기대만큼 좋지 않았다. 모든 감상은 항상 "어떻게 저렇게 그렸지? 난 저렇게 못 그리는데." 아니면 "별론데. 내가 더 잘 그려!" 둘 중 하나로 귀결되고는 했다.

　　자신만의 붓놀림에 빠져든 윤서와, 그에 못지않게 작품 활동에 몰두한 덴마크 아이들을 보며 생각했다. 사람은 누구나 태어난 순간부터 이미 예술가라는 것을. 그러니 어른의 기준으로 아이에게 욕심을 부려서는 안 된다. 이미 완성된 누군가의 그림을 배우고 따라 하기보다는 무엇이 되었든 너만의 그림을 그려보라고 하는 게 자기 안의 예술성을 잃어버린 어른들이 헤줄 수 있는 조언의 전부일 것이다.

　　하얀 도화지가 물감으로 꽉 찼을 즈음, 놀이터를 찾지 못한 아이의 분노는 그림 속으로 빨려 들어가고 없었다. 체험실 직원이 완성된 그림을 돌돌 말아 윤서에게 주었지만, 아이의 관심은 이미 자신의 작품보다 미술관의 다른 전시물들에 쏠려 있었다.

　　우리는 어두운 방 안에 푹신한 침대들이 놓인 전시실에 들어가서 신발을 벗고 함께 드러누웠다. 천장 스크린에서는 스위스의 비주얼 아티스트 피필로티 리스트 Pipilotti Rist 의 비디오 아트가 몽환적으로 흐르고 있었다. 아이를 무작정 끌고 다니면서 이것 봐, 저것 봐 하지 않고 잠자코 기다려주길 잘했다 싶었다.

　　전시실을 모두 둘러보고 스칸디나비아식 가구와 조명, 그릇, 조각품 등이 진열된 세련된 뮤지엄 숍까지 구경하고 나니 어느덧 해가 기울었다. 저녁은 이곳에서의 식사를 위해 일부러 미술관에 오는 사람도 많다는 뷔페 레스토랑에서 먹기로 했다. 모처럼의 저녁을 즐기러 온 손님들의 테이블마다 씨앗이 가득 든 호밀빵과 치즈, 그릴 생선과 스테이크, 호스래디시 크림에 버무린 비트 샐러드, 콜리플라워와 그린 샐러드, 멜론과 석류를 얹은 샐러드 등 밸런스를 잘 갖춘 풍성한 메뉴들이 올려졌다. 나는 식사를 마치고는 구운 자두와 크림, 산자나무 소스를 곁들인 초콜릿 케이크를 맛보며 짙푸른 어둠이 깔리기 시작하는 바다를 바라봤다. 집에서 8천 킬로미터나 떨어진 발트해의 단란한 저녁 풍경 속에 우리 가족도 섞여 있다니, 새삼 묘한 기분이 들었다.

　　루이지애나 미술관은 아이를 데리고 가도 충분히 괜찮은 곳이다. 심지어 그곳엔 놀이터가 있다. 한국에 돌아와서 어느 블로거가 올린 여행기를 보며 뒤늦게 알게 되었는데, 칠드런 윙 전시관 뒷문 밖 숲속으로 아주 재미난 미끄럼틀이 있었다. 역시 덴마크는 놀이터를 배신하지 않는다. 그러니 당신의 아이는 자신 있게 데려가도 된다. 저녁에는 뷔페도 잊지 말고 들르시기를.

안데르센이 전부였던 나, 안데르센을 읽지 않는 딸

옛날에 얼굴은 예쁘지만 성격이 오만한 소녀가 있었다. 가난했던 그녀의 어머니는 딸을 부잣집 양녀로 보냈다. 어느 날 양부모는 소녀에게 커다랗고 하얀 빵을 바구니에 넣어주며 어머니를 뵙고 오라고 했다. 마지못해 어머니의 집을 찾아 나섰다가 흙탕길에 다다른 소녀는 자신의 새 신발이 더러워질까 봐 바닥에 빵을 던져서 밟고 지나가기로 했다. 그러나 발을 내딛는 순간 소녀는 빵과 함께 늪 속에 빠져버렸고, 마녀들과 두꺼비가 득실거리는 지하 세계에 갇히고 만다. 소녀는 자신을 사랑했던 사람들이 모두 세상을 떠날 만큼 오랜 시간이 지나서야 비로소 새가 되어 하늘로 날아간다.

이 이야기는 덴마크 동화작가 안데르센의 『빵을 밟고 간 소녀』의 줄거리다. 초등학교 3학년 때 나는 이 동화를 읽고 어린아이가 평생 어둠 속에서 두렵게 살아가야 하는 끔찍한 저주를 받았다는 것에 큰 충격을 받았다. 나는 소녀에게 일어난 일을 어떻게든 정당화하려고 아이가 부모에게 줄 빵을 밟는 짓을 했다면 그런 벌을 받아도 마땅하다는 결론을 내렸다. 가난해서 보살피기 어렵다는 이유로 일찍이 자신을 버린 어머니에게 소녀가 어떤 감정을 느꼈을지, 빵보다 새로 산 구두를 더 소중히 여긴 일이 과연 그렇게 잘못인지 그때는 아무런 의문을 품지 않았다.

안데르센의 이야기 속에 등장하는 주인공들의 신세는 대체로 빵을 밟고 간 소녀처럼 가혹하다. 크리스마스에 맨발로 성냥을 팔다가 길에서 죽음을 맞이하는 소녀, 갖은 고생 끝에 살아남았으나 소년에 의해 난로에 던져져 불에 타죽는 외다리 병정, 사랑에 실패하여 물거품이 되어 사라지는 인어공주……. 할머니의 말을 어기고 교회에 빨간 구두를 신고 갔다가 평생 춤을 추는 벌을 받게 된 카렌은 빵을 밟은 소녀가 받은 저주에 버금갈 정도로 잔혹하다. 안데르센의 동화 속 주인공들은 놀림당하고, 버림받는다. 어른에게 순종적이거나 자신의 잘못을 뉘우친 아이는 하늘나라로 가서 구원을 받지만, 권위에 대항하고 규율을 따르지 않는 아이는 벌을 받는다. 어린이를 어른과 동등한 인격체로서 존중하고 개개인의 자존감 향상에 힘쓰는 지금의 아동문학 방향과는 맞지 않는 철 지난 설정들이다. 그래서인지 안데르센의 동화를 절대적인 교훈으로 받아들였던 나와 다르게, 윤서를 비롯한 요즘 아이들은 안데르센의 오래된 동화에 별 관심이 없는 듯하다. 전쟁의 공포와 가난을 겪으며 부모로부터 올바른 보살핌을 받지 못한 19~20세기 아이들에게는 안데르센 동화가 공감과 위로가 되었을지 몰라도, 이제는 대부분 그러한 원초적인 불안감에서 벗어났으니 그럴 만도 하다.

덴마크에서 두 번째로 큰 섬인 퓐Fyn 섬에 자리 잡은 오덴세 Odense는 안데르센이 태어나고 유년기를 보낸 도시다. 안데르센의 생가와 기념관이 들어선 이 아름다운 동화마을은 해마다 전 세계 관광객이 즐겨 찾는 덴마크의 대표 명소다. 그러니 한때나마 안데르센의 신봉자였던 나로선 덴마크에 온 이상 가보지 않을 수 없는 곳이었다. 오덴세까지는 코펜하겐에서 기차로 1시간 10분밖에 걸리지 않으므로 아이랑 부담 없이 들르기에도 좋다.

우리가 오덴세에 도착한 때는 길가의 상점들이 문을 닫고 인적도 드물어서 쓸쓸한 기운이 감돌았다. 여름이었다면 안데르센 동화를 테마로 한 동상이 곳곳에 세워진 잔디 공원을 거닐며 호수에서 보트도 타고, 예쁜 거리를 거닐며 무료 인형극도 즐길 수 있을 텐데, 도시의 분위기는 아무도 찾지 않아 버려진 유럽식 테마파크처럼 괴괴했다. 안데르센이 태어난 마을은 오덴세에서도 가장 가난한 지역이었다고 하는데, 어쩌면 이 모습이 더 당시의 모습에 가깝지 않을까 싶었다.

안데르센은 오덴세의 허름한 마을에서도 제일 하층민인 구두 수선공의 아들로 태어났다. 그의 아버지는 아들에게 책도 읽어주고 인형극도 보여주며 그에게 긍정적인 영향을 끼쳤지만 일찍 돌아가시고 말았고, 그 후 안데르센은 세탁부였던 어머니에게 키워졌다. 안데르센은 못생긴 외모 때문에 주변으로부터 놀림을 받고 좋아하는 이성에게 고백해도 번번이 차였다고 한다. 배우를 꿈꿨던 그는 십 대의 이른 나이에 오덴세를 떠났고, 늘 타인의 인정에 목말라 하며 귀족들 틈에 끼어서 부와 명예를 좇았다. 그리고 말년에 고향으로 돌아오기 전까지 유럽 각지를 떠돌아다녔다. 그의 작품 속 주인공들이 그토록 처량한 처지에 놓인 것은 그의 맘속에 자리 잡고 있던 불안과 외로움 때문이었으리라. 안데르센 마을의 중심에 자리 잡은 안데르센 뮤지엄에 가면, 불안증이 심했던 안데르센이 여행을 다닐 때마다 불이 나면 탈출하려고 가지고 다녔다는 굵은 밧줄을 볼 수 있다. 나는 오덴세 공원의 호숫가에서 백조에게 빵을 나눠주는 한 소년을 바라보며, 미운 오리 새끼에서 백조가 되기를 바랐을 소년 안데르센을 떠올렸다.

그러고 보면 안데르센의 삶은 참 아이러니하다. 그가 자신의 불우한 어린 시절을 지긋지긋해하며 뒤도 돌아보지 않고 떠난 오덴세는 덴마크를 대표하는 관광지가 되었고, 다시는 발을 들이고 싶지 않아 했다는 초라한 생가는 그의 침대와 가구들을 그대로 간직한 채 관광객을 맞이하고 있으니 말이다. 일평생 제대로 된 사랑을 받지 못했고, 아이들을 좋아하지도, 아이들을 낳아 기른 적도 없던 안데르센을 사랑해준 것은 결국 아이들이었다는 사실도……. 어린 시절 안데르센이 전부였던 한 여성이 안데르센을 읽지 않는 딸을 데리고 머나먼 이곳까지 오게된 일도.

안데르센 마을을 둘러보던 중 머리 위로 굵은 빗방울이 뚝뚝 떨어졌다. 특별한 볼거리가 없어서 따분해하는 아이와 함께 거리를 누비는 건 그만두고 그 길로 호텔로 돌아갈까 하는데 뜻밖의 놀이 공간을 발견했다. 안데르센의 동화 『부싯돌 상자』에서 이름을 따온 '틴더박스Tinderbox'라는 어린이 체험관이었다.

호빗과 엘프들이 사는 숲속 집처럼 꾸며진 건물 안에는 놀이용 가재도구가 가득 놓여 있었다. 윤서는 역할극 의상들을 입고서 완두콩 공주나 미운 오리 새끼가 되어 보기도 하고, 인형극도 하면서 의외로 꽤나 즐거운 오후를 보냈다. 비가 주룩주룩 내리는 흐린 날의 오덴세에 아이를 데려온 부모에게는 한 줄기 빛 같은 공간이었다.

우리가 여행을 다녀간 뒤로 오덴세에는 세계적인 아티스트들이 안데르센 동화에서 영감을 얻어 디자인한 멋진 시설들이 새롭게 들어섰다. 감탄이 절로 나오는 크고 훌륭한 정원과 전시관 사진을 보면서, 나는 적막이 감돌던 그 날의 오덴세를 떠올렸다. 언젠가 햇볕이 찬란한 여름날에 다시 한번 안데르센을 만나러 가고 싶다.

엠마와 스테파니가 우릴 보고 있어

레고랜드에 가기 전, 아이를 위해 큰맘 먹고 레고 호텔의 레고 프렌즈 방을 예약했다. 분홍과 보라로 꾸며진 화사한 침실, 레고 프렌즈 캐릭터들인 엠마, 올리비아, 스테파니가 대문짝만하게 그려진 방……. 원래는 도착할 때까지 비밀로 해두려고 했다. 지니 언니의 레고 프렌즈 방 리뷰 영상을 발견하기 전까지는 분명 그러려고 했다.

"이것 봐봐, 여기가 레고랜드 가서 네가 잘 방이야. 지니 언니도 여기서 잤대!"

'레고 프렌즈 방에서 놀기'라는 제목의 십 분짜리 영상에서는 지니 언니가 내가 예약한 방을 친절하게 소개하고 있었다. 방 안에는 레고로 만든 개와 고양이 오브제, 작은 거울이 달린 분홍색 어린이용 화장대, 레고 블록이 든 상자도 있었다. 나는 너무 뿌듯한 나머지 아이에게 그 영상을 보여주며 "어때? 완전 예쁘지?"를 연발했다. 그런데 영상이 반 정도 흘렀을 즈음 지니 언니는 보랏빛 레고 프렌즈 방을 빠져나와 닌자고 방으로 들어갔다. 온통 붉은색인 닌자고 방에는 침대 머리맡에 멋진 두 개의 검이 올려져 있고 번쩍번쩍 섬광이 비쳤다.

"우와! 엄마, 닌자고 방 너무 멋지다! 나, 닌자고 방에서 자고 싶어."

"뭐? 뭐라고오?!"

닌자고 방은 레고 프렌즈 방보다 가격도 저렴하고 빈방도 많았지만 레고 프렌즈 방은 딱 한 개 남은 걸 간신히 예약한 거였다. 환불 취소 불가인 상품으로 구매했으니 이제 와 돌이킬 수도 없었다. 아니, 지니 언니! 제목은 레고 프렌즈 방 리뷰라고 해놓고는 왜 닌자고 방까지 리뷰했냐고요. 그녀를 원망해도 소용없었다. 레고 호텔에는 레고 시리즈를 콘셉트로 한 룸이 여러 가지이므로 예약 전에 아이와 어떤 방에서 잘지 긴밀한 협의가 필요할 듯하다.

우리가 레고랜드에 도착한 날은 그해 레고랜드의 공식적인 마지막 영업일이었다. 북유럽의 야외 놀이공원은 여름이 지나면 핼러윈이나 크리스마스 같은 특별 시즌을 제외하고는 칼같이 폐장에 돌입한다. 호텔 예약 후 직원에게 "당신이 예약한 다음 날부터 레고랜드가 문을 닫는데 혹시 실수로 결제한 건 아니냐"는 확인 메일을 받을 정도로 비수기 막바지에 접어든 레고랜드에는 입장객이 거의 없었다. 어릴 적 문 닫힌 놀이공원에 들어가 밤새 도록 놀이기구를 타면 얼마나 좋을까 그려보곤 했는데, 지금이 딱 그런 상황이었다. 우리는 이른 아침 호텔에 도착해 짐부터 맡겨두고 곧장 레고랜드에 입장했다.

타고 또 타고……. 우리는 레고랜드의 어트랙션들을 남김없이 섭렵했다. 성수기였다면 긴 줄이 늘어섰을 인기 어트랙션들도 텅텅 비어서 '지금이 아니면 언제'라는 생각에 몇 번이고 반복해서 탔다. 누군가 우리 셋이 레고랜드 안을 뱅글뱅글 도는 모습을 타임랩스로 찍었다면 상당히 볼만했을 것이다. 차라리 적당히 줄을 서서 대기하는 시간이 있었다면 조금이나마 쉴 수 있지 않았을까. 그날의 우리 셋은 지치는 것도, 배가 고픈 것도 모르고 레고랜드 문이 닫힐 때까지 돌아다녔다.

우리는 무거운 다리를 끌고 호텔로 돌아오고 나서야 씻을 힘조차 남아 있지 않다는 걸 알았다. 빠르게 회전하는 놀이기구를 너무 많이 탄 탓에 머리가 어질어질하고 속이 메스꺼웠다. 마트에서 1+1 행사 과자를 사서 잔뜩 먹고는 배가 더부룩해져서 후회하는 것처럼 뒤늦은 자책이 밀려왔다. 아저씨 아줌마가 된 지 이미 오래인 사람들이 일곱 살 딸이랑 똑같이 들떠서 놀려고 했으니 뻔히 예상된 결과였다. 윤서는 방에 들어오자마자 벌써부터 레고 상자를 꺼내서 새로운 놀이를 시작했는데, 나와 조기사는 침대에 풀썩 쓰러져서 해롱거렸다.

　지치고 허기진 나와 조기사는 여행 와서 처음으로 심한 언쟁까지 벌였다. 부부싸움이 대개 그렇듯이 지나고 나면 별것 아닌 사소한 의견 차이가 발단이었다. 저녁 메뉴를 정하는 문제였을까, TV의 모든 채널에서 레고 무비만 나왔기 때문이었을까, 지금은 도무지 기억도 나지 않는 일로 감정이 상해버린 우리는 서로 한 치의 물러섬이 없었다. 결국 조기사는 분을 이기지 못하고 문을 쾅 닫고는 객실 밖으로 나가버렸고 윤서는 울었다. 이렇게 될 거면 기껏 아이를 위해 비싼 방을 예약한 것도 다 헛수고다. 분홍빛 레고 프렌즈 방이 모두 가짜로 보였다.

　시간이 얼마쯤 흘렀을까. 조기사가 방으로 돌아와서 내게 말했다.

　"밖으로 나가서 복도에 있는 소파에 앉아 있었거든. 너무 화가 나서 혼자서 씩씩대다가 고개를 들었더니 죄다 분홍색이지 뭐야. 막 공주처럼 옷을 입은 여자애들이 나를 바라보고 있고. 생각해 봐. 그런 곳에 혼자 앉아 있는 험악한 표정의 아저씨 말이야. 내가 대체 여기서 뭘 하고 있는 거지? 내가 봐도 내가 너무 어이가 없는 거지. 그랬더니 방에서 묵묵히 기다리고 있을 너랑 윤서가 떠오르더라. 사랑하는 우리 가족 말이야. 미안해."

　그랬구나, 응, 그랬구나……. 실은 나도 미안해. 아니, 내가

더 미안해. 나는 조기사의 어깨를 다독였다. 나와 조기사는 훌쩍이는 윤서에게 엄마 아빠가 싸워서 좋지 않은 모습을 보여줘서 미안하다고 사과했다. 엄마 아빠가 너무 피곤해서 이성을 잃었나 봐. 어른이어도 화가 나면 감정을 잘 추스르지 못할 때가 있어. 엄마 아빠는 여전히 많이 부족하지만 오늘보다 내일이 더 나은 사람이 되려고 노력할게. 우리 셋은 부둥켜안으며 화해했다.

레고 프렌즈 방에서 머물길 잘했다. 붉은색과 검은색으로만 칠해진 닌자고 방 복도였다면 되려 투기가 솟구쳤을지도 모르니까. "그것 봐, 이렇게 사랑스러운 곳에서 대체 뭐 때문에 아웅다웅하는 거야?" 엠마와 스테파니가 우리를 보고 빙긋 웃고 있었다.

PAS PÅ MIG!

NABOHJÆLP

fra Det Kriminalpræventive Råd og TrygFonden

HER ER DER ALTID NOGEN HJEMME

덴마크 북부의 가정집

장기 여행의 장점은 수도뿐 아니라 지방 도시에서도 충분히 머물러 볼 수 있는 여유가 생긴다는 점이다. 아무리 면적이 작은 국가라도 도시마다 매력이 다르므로 이를 조금씩 알아갈수록 여행의 깊이가 더해진다.

덴마크의 북서쪽, 윌란Jylland 반도를 대표하는 도시 오르후스Århus에 가보기로 한 건 조금 더 실제와 가까운 덴마크의 모습을 보고 싶어서였다. 코펜하겐은 너무나 멋진 도시지만 덴마크의 인구 대부분과 시설이 밀집된 만큼 글로벌한 도시 관광지 이미지를 떨쳐내기 어려웠다. 코펜하겐의 반대편에 자리 잡은 덴마크 제2의 도시 오르후스에서는 더욱 덴마크다운 면모를 찾아볼 수 있으리라 기대했다. 그래서 우리는 오르후스 교외의 한 가정집을 통째로 빌려 밥도 해 먹으면서 며칠간 지내보기로 했다. 북유럽의 숙소는 여름 성수기와 비수기의 가격 차이가 큰 편인

데, 비수기를 공략해 지방 도시에 머물면 숲과 바다가 가까운 멋진 숙소를 상당히 저렴한 가격으로 예약할 수 있다는 장점도 있었다.

숙소는 숙박 사이트에 게재된 사진에서 본 것보다 훨씬 만족스러웠다. 하트 모양 넝쿨과 작고 빨간 덴마크 국기가 대롱대롱 매달린 현관 입구에 들어서자 하얗고 거칠거칠한 질감의 돌로 마감된 깔끔한 주방이 나타났고, 커다란 원형 테이블이 한가운데 놓인 다이닝룸, 벽난로와 가죽 소파가 놓인 거실로 이어지는 집 안은 덴마크 가구와 인테리어 소품으로 가득했다. 목재로 마감한 거실 바닥에는 두툼한 모직 러그가 깔렸고 소파와 의자 곳곳에 올려진 밝은 색상의 쿠션에서 온기가 느껴졌다. 오르후스 역에 내려서부터 줄곧 비바람에 떨다가 들어온 터라 아늑함을 강조한 덴마크식 인테리어가 더더욱 빛을 발하는 순간이었다. 창밖으로는 비에 흠뻑 젖은 정원의 푸른 잎사귀들과 빨간 사과나무가 선명하게 도드라져 보였다.

윤서는 등나무 바구니에 든 장난감을 꺼내 하나씩 만져보다가 양털 모양 흔들의자에 앉아서 몸을 까딱까딱했다. 층간소음 걱정 말고 실컷 흔들렴! 엄마 아빠가 곧 맛있는 쌀밥과 고기반찬도 만들어줄게!

드디어 여행 와서 처음으로 제대로 된 밥을 해 먹을 시간이 되었다. 이때를 손꼽아 기다리며 우리는 코펜하겐에서 여기까지 휴대용 밥솥을 짊어지고 왔다. 나와 조기사는 근처 마트에서 저녁거리를 사 와서는 사이좋게 식사를 준비했다. 마트에는 마침 우리나라 쌀과 품종이 비슷한 폴란드 쌀을 저렴한 가격에 팔고 있었다. 야호! 쌀밥이다, 쌀밥.

나는 샐러드용 야채를 씻은 다음 아보카도의 씨를 빼내려고 칼을 들었다. 그러나 칼은 씨를 순식간에 빗겨 나가더니 내 손가락으로 돌진했다.

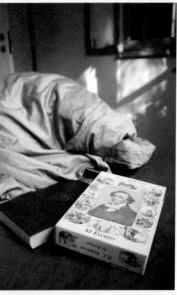

응급실에 가다

　　날카로운 칼이 손가락을 파고들자 무언가 물컹한 고기를 자르는 듯한 기분 나쁜 느낌이 온몸을 휘감았다. 공항에 도착해서야 여권을 집에 두고 온 걸 알아챈 것처럼 등골이 오싹해졌다. 하필 주변에 아무것도 없는 외딴 마을에 오자마자 이런 일이 생겨버렸다.

　　피가 솟구치는 내 손가락을 보고 놀란 조기사는 다급히 주인 부부가 사는 2층 현관문을 두드렸다. 주인 부부는 외출하고 없었지만, 마침 부모님 댁에 잠시 들른 주인집 아들이 문을 열어주었다.

　　이십 대 초반으로 보이는 순진한 외모의 그 청년은 곧바로 우리나라의 119 격인 112에 전화를 걸어주었다. 그러고는 구급대원에게 내 상황을 열심히 설명했다. 휴, 이제 한시름 놓았네. 입안에 뜨거운 고구마를 넣고 말하는 듯 웅얼웅얼하는 덴마크어

발음을 들으며 내 마음도 조금씩 진정되었다. 이참에 덴마크 구급차도 타보겠구나. 침착해라, 침착해. 나쁘지 않은 경험이 될 거야…….

하지만 그 후로도 수 분간 이어진 청년과 구급대원의 '엄격 근엄 진지'한 통화는 도무지 끝나지 않았다. 분위기를 미루어 짐작하건대 육하원칙에 따라 누가, 언제, 어디서, 왜, 무엇을, 얼마나 다쳤는지에 대한 문답을 나누는 듯했고, 근처에 병원이 있느냐, 이동수단이 있느냐에 대한 대화도 이어지는 것 같았다. 한 가지 확신할 수 있었던 건 내가 심정지를 일으키지 않은 이상 구급차를 타기는 글렀다는 사실이었다. 옆에서 기다리다가 답답해진 조기사는 결국 덴마크 주재 한국 대사관에 연락을 취했다(나중에 알게 된 건데, 덴마크 여행 중 심각한 응급상황이 아니라면 112가 아닌 1813번으로 연락해야 더 빠른 대응을 받을 수 있다고 한다).

대사관 직원의 대처는 침착했다. 그는 유창한 덴마크어와 영어로 구급대원과 주인집 청년, 조기사와 번갈아 통화하며 빠르게 상황을 정리해주었고, 덕분에 우리는 가까스로 콜택시를 타고 오르후스 외곽에 있는 대학병원 응급실로 출발할 수 있었다.

택시 안에서 나는 피로 물든 휴지에 둘둘 싸인 손가락을 거머쥐고 창밖을 바라봤다. 시내를 벗어난 뒤로는 아까부터 줄곧 들판과 도로만 이어지고 있었다. 아, 내가 이러려고 오르후스까지 온 게 아닌데…… 이게 꿈이면 얼마나 좋을까. 만화를 보다가 잠옷에 점퍼 하나만 걸치고 급하게 따라나선 윤서도, 순식간에 요금이 치솟는 미터기를 초조하게 바라보는 조기사도, 아무런 말이 없었다.

"아니요, 안 됩니다. CPR(덴마크 주민등록번호)이 없으면 여기서 치료받을 수 없어요."

응급실 입구의 수납처 직원이 고개를 저으며 말했다.

"전화로 먼저 해당 주치의와 예약을 잡아야 해요. 그런 다음 개인 병원으로 가서 치료를 받으세요."

그녀는 단호했다. 시계를 보니 오후 5시경, 바깥은 벌써 어스름해져 가고 있었다. 이러다간 오늘 안에 치료받지 못할 것 같았다.

내가 제때 치료받지 못해 괴사해버릴 나의 검지를 애도하며 비탄에 잠겨 있을 때, 나처럼 현실에 순응하지 않고 어떻게든 상황을 해결하려는 조기사가 나섰다. 그는 다시 한번 한국 대사관에 전화를 건 다음 수납처 직원에게 바꿔주었다. 얼마 뒤 대사관과의 통화를 끝낸 수납처 직원이 내게 말했다.

"OK. 저쪽 진료실로 들어가세요."

조금 전까지 철통방어 태세였던 그녀가 순순히 길을 비켜주었다.

이로써 마침내 나는 손가락을 꿰맬 수 있었다. 비록 다친 부위가 저릿저릿하고 감각은 없어도 내 손가락 다섯 개는 여전히 제자리에 붙어 있었다. 객지에서 이만하면 다행이니 액땜했다 치자. 어서 추위에 떨고 있는 아이를 데리고 집에 돌아가서 따뜻한 폴란드산 쌀밥으로 위로받아야지.

　　치료비를 결제하려고 신용카드를 내밀자, 수납처 단호박 직원이 또다시 우리 가족을 가로막았다.

순진한 게 아니라 신뢰하는 겁니다

"외국인 관광객은 신용카드로 치료비를 결제할 수 없어요."

수납처 직원이 우리에게 말했다. '현금 없는 나라'인 덴마크에서는 그동안 신용카드 한 장만 있으면 무엇이든 다 되었다. 우리가 가진 현금이라고는 동전 몇 개가 전부였고, 근처에는 현금 인출기도 없었다. 조기사가 몇 번이고 사정을 해봐도 그녀는 허리를 꼿꼿이 세운 채 미동도 하지 않았다. 이 시간에 다시 콜택시를 타고 시내로 나가서 현금을 찾아와야 하는 건가. 하아……. 제발 이제 집에 가고 싶다. 또다시 찾아온 돌발 상황에 난감해하는 우리에게 나를 치료한 의사가 다가왔다.

"괜찮아요, 걱정 마세요. 내 신용카드로 결제할게요."

치료비는 우리나라 돈으로 20만 원이 넘었다. 나는 혹시 잘못 들은 건 아닐까 싶어서 그에게 되물었다. "당신 카드로 내 치료비를 대신 내준다고요?" 그러자 그가 대답했다.

"네, 그럼요. 오르후스 시내에 제 개인 병원이 있거든요. 내일은 내내 거기 있을 테니 편하신 시간에 들러서 갚아주세요."

의사는 검정 뿔테 안경 너머로 선한 미소를 지으며 자신의 병원 주소를 종이에 적어주었다. "여기 적힌 글자 중에 Læge는 덴마크어로 의사라는 뜻이에요. 잘 보시면 a와 e가 떨어지지 않고 붙어 있는데, 이건 덴마크 글자예요. 그리고 내 병원 입구 사진은 이거예요. 여기 지도를 보시면……."

차분하게 자신의 병원을 설명하는 그의 말투와 눈동자는 우리를 예전부터 알고 지낸 사람처럼 흔들림이 없었다. 어떻게 이토록 쉽게 처음 만난 타인을 믿고 도와줄 수 있을까?

다음 날 아침, 우리는 현금 인출기에서 돈을 뽑아 시내 북부에 있는 그의 병원에 갔다. 둥그런 조명과 멋진 그림, 아이 장난감과 그림책으로 꾸며진 실내는 가정집 거실처럼 편안한 분위기였다. 의사는 전날과 똑같은 남색 반팔 티셔츠와 청바지 차림으로 우리를 반갑게 맞았다. 간단한 추가 소독과 여행자보험 관련 서류에 서명을 마친 그는 우리 가족의 남은 여행을 응원했다. 자신도 언젠간 한국에 가보고 싶다고, 귀국 후에 혹시라도 여행자보험 처리에 문제가 생기면 언제든 연락하라는 당부의 말을 남기며.

그 후 우리는 오르후스를 떠나 코펜하겐으로 돌아왔다. 일주일쯤 지나자 상처가 아물면서 실밥을 제거할 시기가 다가왔다. 그런데 이번엔 또 어느 병원에 가서 처치를 받아야 할지 고민이 되었다. 시내에서 다소 떨어진 변두리 게스트하우스에 머물던 때였는데 주변의 병원을 검색해 보니 딱 한 군데가 나왔다. 우리는 비슷하게 생긴 낡은 건물들이 줄지어 늘어선 골목을 헤매다 지도에서 본 병원을 찾아냈다.

2층에 있는 그 병원은 문이 반쯤 열려 있었다. 불 꺼진 어둑한 실내에는 아무도 보이지 않았고 이삿짐 상자 더미가 발 디딜틈 없이 쌓여 있었다. 언뜻 보기에도 진료는 불가능해 보이는 상황. 살금살금 돌아서 다시 나가려는데 병원 안쪽에서 한 남자가 걸어 나왔다.

"무슨 일로 찾아오신 거죠? 혹시 진료 때문이라면 지금은 안 됩니다. 저희가 곧 이사할 예정이어서 폐업한 상태거든요."

그때 안쪽에서 누군가 부르는 소리가 들렸다. 남자는 잠시 안으로 들어갔다가 다시 나와서는 우리를 진료실로 데려갔다. 진료실 창가 테이블에는 초록색 니트를 입은 백발이 성성한 노의사가 앉아 있었다. 노의사는 묵묵히 내 사연을 듣고 난 후, 이리저리 박스를 뒤적여 의료용 도구 몇 가지를 찾아냈다. 그리고 돋보기를 둘러쓴 다음 테이블 위에 택배 박스 하나를 얹었다.

"자, 손가락을 이 위에 올려 보세요."

핀셋을 든 손이 덜덜 떨려서 병원 이전이 아니라 은퇴를 해야 하는 게 아닐까 싶은 노령의 의사였지만, 그는 보기보다 빠르고 노련하게 실밥을 제거했다. 나와 조기사가 그의 솜씨를 칭찬하자 노의사는 "홋! 이 정도쯤이야 별거 아닌데." 하며 슬쩍 미소를 보였다. 그는 종이에 뭔가를 적어서 내게 건네주며 말했다.

"자, 이게 내가 새로 이전할 병원 주소예요. 소독해야 하니까 꼭 들르세요."

갑작스레 처치해준 것도 고마운데 소독까지 신경 써주는 노의사의 마음 씀씀이에 감동했다. 하지만 우리는 조만간 스웨덴으로 떠나야 했다. 노의사에게 병원에 들르지 못할 것 같다고 이야기하자, 그는 잠시 생각에 잠기더니 내게 붙여준 반창고를 확 떼어냈다. 그러고는 박스를 뒤적거려서 새 반창고 상자를 꺼냈다.

"그럼, 이 반창고로 매일 갈도록 해요. 아까 것보다 이게 훨씬 더 좋은 거거든."

반창고 뭉치를 되는대로 듬뿍 집어 내 손에 쥐여주던 그의 거칠고 주름진 손에서 온기가 느껴졌다. 돈은 물론 받지 않았다.

덴마크의 동네 병원 의사들은 급여의 80퍼센트 정도를 지역 정부로부터 받기 때문에 과도한 의료 경쟁을 할 필요가 없고, 그 덕분에 주민들의 자잘한 질병 관리부터 심리 상담까지 도맡을 여유가 있다고 한다. 내가 가본 두 곳의 병원에서도 환자들은 마치 친한 지인의 집을 방문한 것처럼 의사를 찾아왔다. 의사와 환자가 평소 이처럼 편하게 소통을 하고 지내니 서로의 신뢰가 두텁게 쌓이는 것임을 나는 몸소 경험했다.

"덴마크는 정말 신뢰의 나라구나. 근데 이렇게 무턱대고 아무나 믿었다가 뒤통수 맞는 일은 없나?" 조기사가 고개를 갸우뚱하며 말했다.

한국에 돌아온 지 얼마 안 된 어느 날이었다. 덴마크의 한 프로 축구팀이 이력을 속인 외국인 선수를 영입했다가 골탕을 먹었다는 스포츠 기사를 읽었다. 그 선수와 입단을 체결할 때까지 아무도 그를 의심하지 않았는데, 운동장에서 실시된 연습 첫날부터 실력이 너무 엉터리인 바람에 동료 선수들에게 들켜버렸다고 한다. 그러면 그렇지. 신뢰가 너무 과하다 보면 이렇게 크게 당하는 일도 생기는 법이다.

하지만 설령 그렇다 해도 덴마크 사람들은 "뭐, 그럴 수도 있지!" 하고 웃어넘기며 계속 타인을 신뢰할 것 같다. 그리고 자신들을 답답하게 바라보는 의심 많은 이들에게 이렇게 대꾸하지 않을까. "우리는 순진한 게 아니에요. 그저 믿을 뿐이죠. 믿었다가 당할 것을 미리 걱정하지 않아요. 나쁜 일보다는 좋은 일이 생길 때가 훨씬 많으니까요."라고. 행복이란 서로에 대한 믿음의 크기만큼 커지는 것이다.

우리에게 선뜻 돈을 빌려준 오르후스의 의사. 미소가 해맑다.

코펜하겐에서 우리를 도와준
노의사. 택배 박스 위에서
실밥을 제거하는 중이다.

우리 모두의 공간

　　오르후스는 샌드위치용 식빵처럼 담백한 도시였다. 덴마크 제2의 도시라고는 하지만 대부분의 인구와 일자리가 코펜하겐에 집중돼 있어서 상권도 그리 크지 않았다. 거리를 걷다가 눈에 띄는 상점들은 대체로 오르후스 대표 맛집이라든가 명소 리스트에 꼽히는 곳이었으므로 아이와 헤맬 일도 없고, 조금만 걸으면 숲과 바다가 펼쳐졌다.

　　이처럼 한없이 평온하고 단조로운 항구 도시 오르후스를 코펜하겐보다 활기 넘치게 만들어주는 장소가 두 군데 있었으니, 그곳은 바로 멋지고 현대적인 아로스 오르후스 미술관ARoS Aarhus Kunstmuseum, 그리고 DOKK1이었다.

　　DOKK1은 도서관, 전시실, 교육실, 어린이 놀이 시설, 카페 등 시민들을 위한 다양한 문화시설을 한데 모아 놓은 거대한 복

합문화센터다. 드넓은 실내는 천장이 높고 개방적이며 사방으로
난 통유리창으로는 오르후스 시내와 항구가 시원하게 내다보인
다. 특히 야외 테라스에 꾸며진 놀이터는 아이랑 꼭 한 번쯤 가봐
야 하는 곳으로 이 또한 덴마크 놀이터 디자인 기업인 몬스트룸
의 대표작 중 하나다. 아이들이 기어오를 수 있는 커다란 독수리
모형과 꿈틀대는 용 모형, 몸통으로 들어갈 수 있는 거대 곰 미끄
럼틀을 보고 과연 어떤 아이들이 흥분하지 않을 수 있겠는가. 차
가운 비가 분무기처럼 뿌려대는 날씨 속에서도 아이들은 꺅꺅
소리를 질러대며 놀이터를 떠날 줄 몰랐다.

DOKK1의 혁신은 유아부터 노년층까지 모든 세대를 배려
한 자율성에 있다. 아이들을 위한 시설로는 그림책 서가뿐 아니
라 블록 놀이, 그리기 활동, 역할극을 할 수 있는 공간이 갖춰져
있고, 푹신한 매트리스와 놀이기구가 가득한 실내 놀이방도 따
로 있다. 아장아장 걷기 시작한 아기들만을 위한 놀이터와 유아
용 실내 자전거 코스도 있고 청소년용 플레이 스테이션 게임기
나 오락 시설도 있다. 한마디로 초대형 키즈 카페라고나 할까.
성인들을 위한 장소도 아이들의 공간 못지않게 훌륭하다.
바다를 향해 놓인 안락한 소파 공간, PC 작업 공간과 학습 공간
등이 구역별로 나누어져 있는데, 이 많은 구역이 벽으로 가로막
히지 않은 한 공간에서 자연스럽게 어우러지면서도 각각의 역할

을 충실하게 해내고 있다는 점이 놀라웠다. 이용객들은 저마다 적당히 거리를 유지하고 있었고 높은 천장과 널찍한 내부 공간은 아이들의 소음을 분산시켰다.

누구든 편하게 걸터앉아 자유롭게 시간을 보낼 수 있는 계단식 테이블에서는 이십 대 초반으로 보이는 학생 몇몇이 저마다 노트북과 책을 꺼내 놓고 열심히 토론을 나누고 있었다. BGM만 깔리지 않았을 뿐 최신 노트북이나 휴대폰 광고의 한 장면 같았다. 나의 학창 시절도 저렇게 보낼 수 있었더라면……. 아쉬움 반 부러움 반의 감정이 뒤섞였다.

셋이서 건물 구석구석을 누비며 돌아다니다 보니 어느새 배가 고파졌다. 샌드위치와 커피로 간단히 점심을 해결하려고 DOOK1의 카페로 갔다. 유모차에 아기를 태운 엄마들과 작업에 몰두한 직장인들 틈에서 청바지와 셔츠, 운동화 차림으로 주스병과 샌드위치를 놓고 둥글게 둘러앉아 나지막한 목소리로 대화를 나누는 할아버지 대여섯 명이 눈에 들어왔다. 바닥에는 백팩이 놓여 있고 의자에는 캐주얼한 바람막이 점퍼나 경량 패딩이 걸쳐진 모습을 보며 조기사의 미래 모습도 저랬으면 하고 바라봤다.

모두를 위한 DOKK1은 무언가를 과시하기 위한 곳이 아니라 철저하게 시민들을 위한 공간이다. 기업의 이윤이나 정치적인 계산이 전혀 들어가 있지 않은, 예산의 단 1퍼센트도 낭비하지 않았음을 그대로 보여주는 곳이다. 우리는 그곳에서 땅거미가 내려앉을 때까지 다섯 시간이나 머물렀다.

예술이 놀이가 되어가는 시간

초등학생 때 나는 셀로판지 놀이를 좋아했다. 그냥 바라보면 별 볼 일 없는 잿빛 골목과 허름한 단층집들이 셀로판지만 대면 온갖 예쁜 색으로 바뀌는 게 어찌나 신기했는지 모른다.

아로스 오르후스 미술관 옥상에 있는 레인보우 파노라마 Rainbow Panorama 전망대는 초대형 셀로판지 놀이를 하듯 색 유리창을 통해 무지갯빛 오르후스 시내를 내려다볼 수 있는 곳이다. 여행을 오기 전 사진으로 전망대 풍경을 본 순간 나는 누군가가 내 머릿속을 훔쳐본 다음 눈앞에 펼쳐놓은 줄 알았다.

360도로 이어지는 스카이워크를 돌며 구름 낀 회색의 오르후스가 빨주노초파남보로 변하는 모습을 바라보는 사람들의 표정은 다들 나처럼 어린 시절로 돌아간 듯 천진해보였다. 아침에 바닷가 잔디공원과 놀이터에서 놀다가 "미술관 가자."는 말에 심드렁하게 따라왔던 윤서도 전망대를 빙글빙글 도는 데 푹 빠졌다.

미술관은 엘리베이터를 타고 10층의 레인보우 파노라마를 먼저 관람한 후 아래로 내려오며 한 층씩 전시관을 둘러보는 방식이었다. 상설 전시실에는 덴마크를 대표하는 화가 빌헬름 함메르쇠이Vilhelm Hammershøi의 작품을 비롯한 유럽의 명화들이 전시된 회화실이 있고 그 외에도 여러 가지 예술품이 전시돼 있었다. 전시실을 돌며 내내 하품을 해대던 윤서가 호주의 극사실주의 조각가 론 무엑Ron Mueck이 만든 <보이Boy>의 거대한 엉덩이를 가리키고는 거인이 쭈그려 앉아 볼일을 보고 있다고 웃음을 터뜨렸다. 그래, 너는 이 정도 자극적인 예술품을 봐야지만 반응을 하는구나 하던 차에 윤서가 어느 전시실 한쪽에 그대로 멈춰섰다.

그곳은 무너진 건물 잔해들을 모아둔 전시실이었다. 전시실 한가운데에 놓인 모니터에 재생되고 있는 영상 속에선 어느 노부부가 식탁에 마주 앉아 서로를 응시하고 있었다. 그러다 창문이 흔들리고 깨지더니 벽까지 허물어지면서 집 전체가 부서지기 시작한다. 노부부는 주변 상황에 아랑곳하지 않고 서로의 눈동자만 바라볼 뿐이다. 그들의 얼굴에서는 애정인지 연민인지 미움인지 알 수 없는 표정이 스친다.

영상은 집이 모두 산산이 부서져 내리면서 끝났다. 오랜 세월 많은 일을 함께 겪어내며 살아온 노부부의 인생을 담담하게 표현한 전시물이었다. 윤서는 영상 속 노부부처럼 꼼짝도 하지

않고 앉아서 몇 번이고 영상을 보고 또 보았다. 이제 그만 가자고
해도 "조금만 더 볼게."라면서. 나는 폐허 더미에 불과하다는 생
각에 시큰둥하게 지나치려 한 전시실이었고 간간이 들른 사람들
도 잠시 머물다 금세 자리를 떴지만, 윤서는 그 영상의 무엇이 마
음에 들었는지 한참을 그대로 앉아 있었다.

한 층 한 층 전시실을 둘러보며 계단을 몇 층쯤 더 내려갔을
까, 이번에 윤서는 세 평 남짓한 파랗고 어두운 방 안에 아무 설명
없이 스피커 두 대만 덩그러니 놓인 전시실로 쏙 들어갔다.

집으로 가는 길
이 길이 집으로 가는 길이라면 얼마나 좋을까
내 생각이 펼쳐지고
내 음악이 연주되는 곳
내 사랑이 조용히 나를 기다리는 곳

스피커에서는 사이먼 앤드 가펑클Simon & Garfunkel의 <홈워
드 바운드Homeward Bound>가 흘러나오고 있었다. 가만히 서서 음
악을 듣던 윤서가 느닷없이 춤을 추기 시작했다. 낯선 장소에서
동요도, 가요도, 클럽 음악도 아닌 서정적인 올드 팝에 몸을 흔들
다니 이 또한 내가 미처 몰랐던 아이의 모습이었다. 아티스트가

자신의 전시물 대해 굳이 설명하지 않아도, 관람객 각자가 자기만의 방법으로 즐기면 그뿐일 것이다. 나의 어린 시절 추억의 놀이를 소환하고 윤서를 춤추게 한 아로스 오르후스 미술관은 예술도 충분히 놀이가 될 수 있음을 증명해준 곳이었다.

DENMARK

편하려고 떠난 여행이 불편한 이유

오르후스에서의 평화로운 며칠이 지났다. 느지막이 일어나 집밥을 해 먹고 아이와 바닷가 놀이터를 산책하는, 평범하지만 한 번쯤 해보고팠던 하루하루가 흘렀다. 다행히 왼손가락에 붕대를 감았기 때문에 생활하는 데도 큰 불편이 없었다.

이제 슬슬 이 도시를 떠날 날이 다가왔다. 시내 구경은 다 했고, 하고 싶은 일로 사슴 공원에 가보는 것만 남았다. 그래서 오늘은 사슴에게 먹이로 줄 커다란 당근 봉지를 배낭에 쑤셔 넣고 길을 나서본다. 숙소 뒤편으로 이어지는 널따란 숲을 지나면 사슴 공원이었다. 건장한 성인이 걷기에도 상당히 먼 거리였지만 셋 다 걷기엔 자신 있으니까 별일 없으리라 생각했다.

우리는 <반지의 제왕>의 주인공 프로도가 된 기분으로 숲을 헤치며 나아갔다. 중간중간 걸음을 멈춰서 거대한 나뭇가지를 움켜쥔 채 칼싸움을 하고 도토리를 주우며 숲속 탐험에 열중했다. 하지만 숲은 예상한 것보다도 훨씬 넓었다. 사슴 공원까지 가려면 아직도 멀었는데 윤서의 컨디션이 심상치 않았다. 시계를 보니 어느덧 점심시간이었다. 그래도 휴대폰 검색으로 이 근처에 근사한 레스토랑이 있다는 걸 알아두었으니까 걱정 없었다. 정원이 딸린 숲속 식당에서 우리 가족은 잊지 못할 식사를 즐길 터였다. 나는 배고프고 다리도 아프다는 윤서에게 조금만 더 참으면 된다고 말했다.

"어머, 어떡하죠? 오늘은 단체 손님이 식당 전체를 대절했거든요. 정말 죄송해요."

식당 입구에서 직원이 난처한 표정으로 말했다. 조기사가 구석진 자리라도 좋으니 잠시만 먹고갈 수 있느냐고 부탁해봤지만 직원은 거듭 양해를 구하며 어렵다고 했다. 식당 안에서는 나비넥타이를 맨 수십 명의 덴마크 아저씨들이 칵테일 잔을 손에 들고 서서 껄껄 웃고 있었다. 직원 말대로 도저히 들어갈 수 있는 분위기가 아니었다. 주변에 식당은 이곳뿐인데 배고프고 지친 딸을 데리고 다시 숲을 헤매야 하는 상황이라니……. 21세기에 이런 비극이 있나. 하필 이 타이밍에 비까지 부슬부슬 내리기 시작했다. 바닷가 근처라 날은 금세 어둑해졌고 거센 바람이 휘몰아쳤다.

얼마쯤 더 걷다 보니 바닷가 언덕 위에 커다란 저택이 보였다. 첨탑 두 개가 우뚝 솟은 저택 뒤편으로 시커먼 먹구름이 몰려 있어서 마치 공포 영화 세트장 같았다. 느낌은 심상치 않아도 검색을 해보니 식당이긴 한 모양이었다. 저택 문을 열고 들어서자 불 꺼진 홀 안쪽에서 직원 한 명이 컵을 닦다 나왔다.

"죄송하지만 지금은 식사 시간이 아닙니다."

또 퇴짜를 맞았다. 그곳은 예약제로만 손님을 받는 연회장 같은 느낌이었다. 이대로라면 사슴 공원에 가서 사슴에게 먹이를 주는 일은 불가능했다. 배낭 속에 사슴에게 줄 당근 2킬로그램을 넣은 채 우리는 숲 한가운데에서 길을 잃었다. 절벽 아래 펼쳐진 시커먼 바다는 매서운 파도를 만들어내고 있었고 주변에는 절벽과 바위와 풀, 그리고 비바람에 축축해져 가는 흙뿐이었다. 바닷가 근처의 외딴 호텔 하나가 지도에 표시돼 있기에 일단은 거기까지 걸어가 보기로 했다.

호텔 로비에 들어서자마자, 윤서가 로비 의자에 쓰러지듯 털썩 주저앉아 눈을 감았다. 조기사가 카운터 직원에게 윤서를 가리키며 물었다.

"저희 애가 너무 배가 고프고 지쳤거든요. 혹시 뭐 좀 먹을 수 있을까요?"

"죄송해요, 저희가 지금 브레이크 타임이라서요."

너무하네. 세 번째 퇴짜. 옆에서 윤서를 안쓰럽게 바라보던 다른 직원이 우리에게 말했다.

"손님, 제가 시내로 나가는 택시를 불러드릴까요?"

맞다, 택시가 있었지! 비록 손님은 코빼기도 비치지 않아도 여기는 번듯한 호텔이었고, 우리를 다시 문명 세계로 이끌어줄 위대한 수단인 택시라는 걸 불러줄 수 있는 장소였다. 대체 왜 그런 생각을 진작 못 했을까? 택시를 타고 시내로 들어서자 구름 사이로 해가 비쳤다. 도시 문명에 다시 편입되었다는 안도감이 찾아왔다.

다음 날 아침, 우리는 다시 그 숲을 찾았다. 이번엔 문명인답게 숙소 앞에서 콜택시를 타고 사슴 공원 입구 앞에 정확히 도착했다. 하늘은 구름 한 점 없이 새파랬다.

전날 온종일 짊어지고 다닌 당근 봉지를 푸는 순간, 엄청난 무리의 사슴들이 달려들었다. 일본 나라奈良 공원의 뿔 잘린 나긋나긋한 사슴들을 상상하며 아이와 느긋하게 사슴 먹이를 주려고 왔는데, 기다란 뿔을 단 사슴들이 주변을 빙 둘러싸니 나도 모르게 뒷걸음질이 쳐졌다. 동그랗고 까만 눈망울로 당근을 우적우적 씹는 사슴들이 위협적으로 느껴진 건 아니었다. 너무 허겁지겁 먹어대서 그랬다. 아무도 없는 평일 이른 시간이었던 탓인지 우리가 준 당근이 사슴들의 첫 끼니였던 것 같다. 다 먹는 데까지 1분도 채 걸리지 않았다.

"워~워~ 얘들아, 미안해! 이제 당근이 없어. 다음에, 다음에 또 보자!"

우리 셋은 얼떨떨한 기분으로 공원 입구로 되돌아갔다. "엄마아, 여기 똥!!! 또옹!!!" 뒤따라오던 윤서가 사슴 똥으로 질퍽한 땅을 밟으며 울상을 지었다. 조기사는 아까는 애써 담담한 척했지만 사실 사슴들이 공격할까 봐 엄청나게 긴장했었다고 내게 털어놓았다. 땀을 삐질삐질 흘리는 둘을 보면서 실소가 터져 나왔다. 겨우 이걸 하려고 어제 배낭에 당근을 짊어지고 다니면서 그 고생을 했다니.

사슴 공원을 나와서는 전날 세찬 파도가 일던 해변에도 다시 가보았다. 진분홍색 해당화가 곱게 핀 하얀 모래사장 위로 검은 개 한 마리가 천천히 지나갔다. 어제는 고대 바이킹들이 배를 타고 쳐들어올 것만 같던 곳에서 오늘은 카약을 타고 노를 젓는 현대판 바이킹 몇 명이 여유를 만끽하고 있었다. 근처 카약 창고에서 카약을 꺼내 손질하는 중년 부부에게 물어보니 스포츠 클럽 회원끼리 공유하는 카약을 타고 있는 거란다. 부부는 우리와 인사를 나누고는 햇살이 부서지는 바다로 유유히 노를 저어갔다.

우리 셋은 모래사장부터 바닷속까지 이어지는 원형 데크에 걸터앉았다. 발밑으로 해파리들이 돌아다니는 게 보일 정도로 투명한 바다였다. 윤서는 작은 손 가득히 조개껍데기와 조약돌을 주워 담았다.

안개비가 내리는 숲속에서 길을 헤매던 그때, 나는 무언가에 홀려 있었던 것 같다. 나의 시공간은 휴대폰에서 가리키는 GPS 숫자와는 다르게 무한대로 늘어졌다. 아마존 밀림이나 사막 한가운데 있는 것도 아니었으면서 왜 그랬을까.

한국으로 돌아온 뒤 셋이서 집 근처의 산에 처음 올랐을 때 나는 그 이유를 알았다. 가파른 산길이 힘든 줄도 모르고 즐겁게 정상에 다다랐는데, 갑자기 해가 구름 사이로 완전히 숨어 버리고 돌풍이 불어닥쳤다. 가파른 암벽으로 둘러싸여 있어서 조금이라도 발을 헛디디면 저세상 구경을 할 판이었다. 윤서는 암벽을 붙잡고 "엄마! 떨어지면 절대 안 돼!"(이 와중에 왜 내가 떨어질 거라고 생각하는 건지……)라고 떨리는 목소리로 외쳤다. 동네 뒷산이 히말라야 정상이라도 된 듯 뒤바뀐 그 순간, 나는 그날의 오르후스와 똑같은 감정을 느꼈다. 산에서 내려오고 나니 그때처럼 환하게 해가 비쳤다.

인간이 제일 느끼고 싶어 하지 않는 감정이 불안이라고 한다. 불안은 처음 가본 낯선 여행지에서 흔히 겪는 감정이다. 편안함과 자유를 만끽하려고 떠난 여행지에서 불편함이 느껴지는 것은 익숙하지 않은 곳이기에 당연한 일이다. 그나마 다행인 건 불안은 그저 일시적인 감정이라는 점이다. 다음엔 똑같은 상황이 벌어지게 되더라도 더는 처음만큼 두렵지 않다. 그래서 사람들은 어제의 고난을 잊고 또다시 익숙한 집보다 불편할 것이 뻔한 여행을 떠난다.

바위산에서 내려온 날 밤, 이불 속에서 윤서가 말했다.

"엄마, 나 오늘 산에 올라간 거 되게 재밌었어. 또 올라갈래."

얼마 뒤에 다시 오른 산 정상은 더 이상 두려운 곳이 아니었다. 요즘 우리는 그 산을 자주 오르다가 다음 여행을 노르웨이 트래킹으로 정했다. 또 무슨 일이 벌어질지 알 수 없어 불안하지만 그래도 괜찮다. 그 끝에는 '불안-극복-성취'의 짜릿함이 찾아올 거라는 기대감이 있기 때문이다. 그러한 경험들이 우리의 세계를 더욱더 확장해주리라 굳게 믿기 때문이다.

가깝지만 엄연히 다른

덴마크를 떠나 스웨덴으로 가는 아침이 밝았다. 스웨덴에서의 첫 여행지는 코펜하겐에서 기차로 40분밖에 걸리지 않는 항구도시 말뫼Malmö였다. 아직 기차 시간이 두 시간쯤 남았기에 평소 눈여겨보았던 코펜하겐 중앙역 근처 카페에 잠시 들렀다.

카페로 들어서자 다비드 조각상처럼 곱슬머리를 늘어뜨린 점원이 우리를 반겼다. 어디서 왔느냐고 묻기에 한국이라고 대답하니 자신은 박찬욱과 봉준호, BTS의 팬이라며 반색한다. 요즘에야 이런 소리를 종종 듣고 대수롭지 않다는 듯 웃어넘기지만 십 년 전쯤만 해도 상상도 할 수 없었던 일이다.

여기서 잠시 여담이지만 BTS 하니까 생각나는 일화가 있다. 코펜하겐의 티볼리 공원에 갔을 때 어여쁜 덴마크 소녀들 한 무리가 카메라를 들고 조기사에게 다가와서는 수줍게 말을 걸어왔다. 나는 당연히 남편에게 자신들의 사진을 찍어달라고 부탁하는 거겠구나 싶었는데, 곧이어 믿을 수 없는 일이 벌어졌다. 잔뜩 상기된 표정의 소녀들이 조기사를 가운데 두고 셀카를 찍는 게 아닌가. 심지어 소녀들은 "꺅!!" 하고 소리를 지르며 폴짝폴짝 뛰기까지 했다. "후후, 연예인들은 이런 기분을 매일 느끼겠네……." K팝의 인기에 덩달아 격상된 K아저씨는 그날, 세상을 다 가진 듯 황홀해했다는 후문이 있다.

그렇게 우리 가족은 K컬처를 사랑하는 다비드의 카페에서 덴마크에서의 마지막 아침 식사를 했다. 삶은 달걀과 호밀빵, 요거트, 치아씨 푸딩, 주스로 이루어진 단출한 구성이었지만 어쩐지 특별하게 느껴졌다. 이렇게 덴마크와는 작별이구나. 촉촉한 감상에 젖어 있던 이때는 미처 알지 못했다. 덴마크와 헤어지기 아쉬운 건 우리의 캐리어도 마찬가지였다는 것을…….

캐리어가 꼈다. 그것도 아주 단단히. 코펜하겐 기차역 지하 수하물 보관함에 넣어둔 캐리어는 도통 나올 기미가 없었다. 말뫼행 기차 출발 시각을 10분도 남겨두지 않은 상황이었다. 사방으로 캐리어를 잡아당기며 용을 쓰는 나와 조기사의 이마와 등줄기로 땀이 흘렀다. 옆에서 지켜보다 못한 윤서가 자기도 도와보겠다고 나섰고, 우리는 너는 손이 낄 수 있으니 저리 비키라며 윤서를 뜯어말리는 촌극이 벌어졌다.

열차 시간이 더욱더 임박해졌을 즈음, 자리를 비웠던 수화물

보관소 직원이 돌아왔다. 콧수염이 덥수룩하고 배가 불룩 나온 그는 할리우드의 스릴러 영화 속에 나오는 야간 경비원을 닮았다. 심야에 감자 칩을 씹으며 TV를 보다가 범행 현장 CCTV 확인을 놓치는. 심드렁한 표정의 그는 카운터 뒤쪽 창고로 들어가서는 커다랗고 납작한 삽 같은 것을 꺼내왔다. 삽이 들어가고 몇 번 드륵드륵 소리가 나더니 짐이 굴러떨어졌다. 할리우드 경비원은 우리의 감사 인사를 뒤통수로 쿨하게 받아넘기며 자기 자리로 돌아갔다. 우리는 짐을 들고 허둥지둥 뛰어서 기차에 올라탔다.

좌석에 앉은 지 얼마 지나지 않아 기차는 금세 덴마크 땅을 벗어나 덴마크와 스웨덴을 잇는 기다란 외레순 다리를 건넜다. 차창 밖에 펼쳐진 짙푸른 외레순Øresund 해협을 바라보며 천천히 숨을 고르고 있는데, 객실 문이 열리면서 건장한 체구의 스웨덴 무장 경찰 두 명이 경찰견을 대동하고 나타났다. 불법 소지물이나 수상한 사람은 없는지 수색하기 위해 온 것이었다. 그런데 경찰견치고 강아지가 지나치게 귀여웠던 것이 문제라면 문제였다. 강아지가 기다란 갈색 귀를 접은 채 초롱초롱한 눈으로 우리를 바라보자, 조기사가 긴장을 풀고 손을 흔들었다. 그러고는 목줄을 쥔 경찰에게 웃으면서 말을 건넸다. "So cute~"

방탄조끼를 입고 권총을 찬 경찰이 매섭게 조기사를 쏘아봤다. 그는 조기사 앞을 손바닥으로 가로막으며 낮고 단호하게 말했다. "No!"

아차차. 매사 천하태평에 술 취한 듯 흐트러진 덴마크인에게 익숙해 있던 우리는 정신이 번쩍 들었다. 스웨덴 사람들은 덴마크 사람들보다 더 규칙을 중요시하고 엄격하다는 이야기가 현실로 와닿는 순간이었다. 늘 이용하던 역에서 항상 타던 기차를 탄 것뿐인데 다리 하나를 사이에 두고 나라가 바뀌니 분위기를 파악하지 못한 것이다. 객실은 긴장감으로 뒤덮인 채 서서히 말뫼 중앙역에 진입했다.

말뫼는 오래된 항구 도시를 미래 지향적으로 재건한 신흥 국제도시답게 모든 시설이 최첨단이었다. 반듯하게 구역화된 거리에서는 덴마크와 다르게 길거리 흡연도 금지돼 있다. 거리 위 다양한 피부색의 사람들을 바라보며 북유럽 최대 다문화 국가에 도착했음을 실감했다.

역 앞 버스 정거장이나 차량도 덴마크보다 깨끗하고 현대적이었다. 숙소로 향하는 시내버스 안에서 흘러나오는 안내 방송도 덴마크어보다 명료하게 잘 들렸다. 덴마크어와 스웨덴어는 언어의 뿌리가 같아서 문자와 뜻은 비슷하지만 발음은 많이 다르다. 덴마크어 발음은 상당히 어눌해서 '스웨덴인이 술에 취해 말하면 덴마크어'라는 우스갯소리가 있을 정도인데, 이런 특성이 국민성에도 그대로 묻어나지 않을까 싶다.

버스는 숙소가 있는 베스트라 함넨Västra hamnen 지역에 멈춰
섰다. 이 지역은 말뫼의 대표적인 실험 지구로 지속 가능한 친환
경 도시를 지향한다. 우리가 머물 곳도 테라스마다 푸르른 넝쿨
식물이 뒤덮은 5층짜리 친환경 아파트였다. 현관 앞에는 무료로
이용할 수 있는 녹색 자전거가 한 대씩 비치돼 있었다.

관리소를 방문하자 단정한 매무새의 청년이 세련된 영어로
우리에게 이런저런 안내를 해주고는 열쇠를 건넸다. 아담한 복
층 구조로 된 아파트는 위층은 주방과 다이닝, 아래층은 침실과
화장실로 빈틈없이 알차게 구분돼 있었다. 무엇 하나 나무랄 데
없는 실용적이고 합리적인 공간이었다.

그때 윤서가 새로운 숙소가 마음에 든다며 비보이처럼 엉덩
이를 바닥에 빙빙 돌리다가 계단 아래로 굴러떨어졌다. 마치 탱
탱볼이 굴러가듯. 정신 차려, 여긴 덴마크가 아니라 스웨덴이라
고. 어쩐지 이곳에는 AI처럼 반듯한 사람들만 있을 것 같았다.

스 웨 덴
SWEDEN

"아, 우리의 나날을 가득 채웠던 놀이들!
놀이가 없는 내 어린 시절은 상상도 할 수 없다.
아니, 모든 사람의 어린 시절에서
놀이를 뺀다면 과연 무엇이 남을까?"

− 스웨덴 동화작가, 아스트리드 린드그렌 Astrid Lindgren

꿈의 놀이터, 꿈의 도서관

　　말뫼는 도시의 나쁜 속성들을 배제하고 이상적인 것만 남기려고 애쓴 흔적이 역력한 도시다. 1900년대 후반까지 유럽 조선 산업을 이끌던 공업 도시였던 말뫼는 시대의 변화와 함께 급격한 쇠퇴의 길을 걸었다. 2000년대 들어서 스웨덴 정부는 코펜하겐과 말뫼를 잇는 외레순 대교를 개통했고, 말뫼를 IT와 신재생에너지 도시로 발전시키며 혁신을 꾀했다. 이제 말뫼에는 북유럽에서 가장 높은 54층짜리 터닝 토르소Turning Torso 빌딩이 우뚝 서 있다. 거리에 쓰레기는 좀처럼 찾아보기 어려웠고 기다란 최신식 굴절 전기버스는 모니터에 안내된 시간 대로 정확하게 도착했다. 아이와 다니기에 이보다 편한 도시가 없었다.

　　하지만 말뫼의 이러한 결벽에 가까운 쾌적함은 하루 만에 지루함으로 바뀌었다. 아무 일도 일어날 것 같지 않은 이 정적인 도시에서(스웨덴의 악명 높은 우범 지역인 로젠가드 Rosengård 를 제외하면) 우리 가족은 과연 뭘 해야 즐거울 수 있을지 고민이 되었다. 말뫼 여행에 관한 안내지나 웹사이트에서는 야외 마켓, 고성, 박물관 등 유럽 어느 도시에서나 볼 수 있는 명소 몇 군데만을 중복해서 소개했다. 나는 휴대폰 화면을 꺼버렸다. 경험상 이럴 때 최선의 선택은 근처 놀이터부터 가보는 거다.

숙소에서 걸어서 5분 거리에 있는 놀이터는 태양계를 콘셉트로 하여 이름도 '태양계 놀이터 Sollekplatsen '였다. 4개의 길고 가파른 슬라이드가 사방으로 뻗은 대형 미끄럼틀이 핵심 놀이기구로, 중심부에 놓인 노랗고 거대한 태양까지 올라간 다음 타고 싶은 미끄럼틀을 골라 타는 방식이었다.

아직 이른 시간인데도 놀이터에는 몇몇 아빠와 아이들이 나와 있었다. 아빠들은 아이들이 놀이터를 뛰노는 사이 커피를 손에 든 채 담소를 나눈다. 우리 애는 네 살이에요. 당신 아들은 몇 살인가요? 오늘 날씨 참 좋죠? 별것 아닌 잡담에도 그들은 무척 행복해 보였다. 불필요한 말은 하지 않는 과묵한 북유럽 남자들에 대한 고정관념은 놀이터 육아 중인 아빠들 앞에서 성립되지 않는다. 나와 조기사도 기다란 슬라이드 중 하나를 골라 깔깔 웃으며 미끄러져 내려오는 윤서를 바라보며 느긋하게 아침 일광욕을 즐겼다.

태양계 놀이터에서 놀고난 다음엔 말뫼 시립도서관으로 향했다. 이곳에도 파스텔톤의 예쁜 무지개 구름다리와 나지막한 언덕이 꼭 텔레토비 동산을 닮은 공공놀이터가 있었다. 덴마크 도서관에 이어 스웨덴 도서관은 어떤지 궁금하기도 했다. 1997년 덴마크 건축가 헨닝 라르센Henning Larsen이 지은 말뫼 시립도서관은 북유럽 공공도서관 중에서도 손에 꼽을 정도로 건축미가 뛰어나고 시설이 훌륭하다고 들었다.

아침부터 두 곳의 놀이터에서 신나게 논 윤서를 데리고 휴식도 취할 겸 말뫼 시립도서관 안으로 들어갔다. 바닥에서 천장까지 세 개의 층을 개방한 서가에 압도되어 나도 모르게 탄성이 새어 나왔다. 높이가 18미터에 달하는 통유리창 밖으로는 도서관 옆 공원의 무성한 가로수가 둘러싼 풍경이 펼쳐져서 마치 숲 한가운데 들어선 것 같다. 세련되게 진열된 서가는 노란 조명을 받아 반짝반짝 빛이 난다. 서가 한쪽 구석에 앉아서 홀로 책에 집중한 사람이 있는가 하면, 유리로 막힌 독립된 테이블 석에 앉아 자유롭게 토론을 펼치고 있는 사람들도 있다.

어린이 도서실은 유아부터 청소년까지 연령별로 나누어져 있었다. 신발을 벗고 들어가는 푹신한 초록색 바닥은 풀을, 불규칙적으로 놓인 기다란 서가는 나무를, 의자는 쓰러진 통나무를 형상화해 숲속 도서관처럼 꾸며 놓았다. 입에 젖꼭지를 문 아기들이 구불구불 꾸며진 서가 사이사이를 옹알거리며 기어 다녔다. 한쪽에 설치된 널따란 싱크대에는 두 대의 빌트인 전자레인지가 있어서 언제든 음식을 데워 먹일 수 있도록 해두었다.

우리 가족이 가장 오래 머문 곳은 9~13세용 도서실이었다. 그곳에는 플레이스테이션 게임 구역, 여러 가지 미술 공예 도구가 갖춰진 창작 구역, 악기 연주실 등 구역별로 재미난 공간이 가득했다. 이 도서실의 이름이 왜 뒤죽박죽, 엉망진창이라는 뜻의 '발라간Balagan'인지 알 것 같았다. 나무집처럼 꾸며진 방, 만화책으로만 꽉 찬 서가와 아늑한 소파가 있는 방, 동굴처럼 꾸며진 방 등에서도 아이들은 각자 자리를 잡고 저마다의 시간을 보내고 있었다.

책은 어린 시절뿐 아니라 평생을 가까이해야 할 친구다. 종이책과 전자책을 막론하고 어디서든 책을 접할 수 있는 요즘에는 동네 서점이나 대형 서점, 인터넷 서점 등 책을 살 수 있는 경로가 많고, 학교나 아파트 도서관에서 빌려볼 수도 있다. 그러므로 한 지역을 대표하는 공공도서관의 역할은 단순히 책을 소장한 곳을 뛰어넘어 책과 평생 편안한 친구가 될 수 있게 도와주는 장소가 되었으면 한다. 북유럽의 공공도서관을 다니면서 인상 깊었던 점 중 하나는 청소년 이용객의 비율도 어린이 못지않게 높았다는 점이었다. 물론 우리나라 어린이와 청소년들도 도서관

SWEDEN

을 활발하게 이용하지만, 중학생 이상부터는 서가를 둘러보기보다는 주로 시험공부를 하기 위해 열람실로 향한다.

도서관에 와서 만화책만 읽어도 좋고, 친구와 신나게 수다를 떨어도 좋고, 책을 한 장도 들춰보지 않고 게임만 하고 돌아가더라도 좋다. 청소년이 되어서도 도서관을 놀이터처럼 들를 수 있고, 그 안에서 성장하고 있다는 걸 느낄 수만 있다면 그걸로 충분하지 않을까. 오르후스의 DOKK1과 더불어 말뫼 시립도서관이 바로 그 바람을 실현할 수 있는 곳이었다. 나에게 말뫼는 꿈의 도서관과 놀이터를 품은 도시였다.

Stadsplanering för lek

정신이 망가지느니 뼈가 부러지는 게 낫다

릴라 광장Lilla Torg은 현대적인 도시 말뫼에서 작으나마 중세 유럽의 분위기를 느껴볼 수 있는 곳이다. 포석이 깔린 아담한 광장 주변으로 기념품 가게와 카페, 식당들이 옹기종기 모여 있다. 우리는 광장 내에서 꽤 소문난 디저트 카페에 들렀다. 햇살이 내리쬐는 2층 창가석에 앉아 초콜릿 케이크를 맛보며 물끄러미 광장을 내려다보다가 '폼/디자인 센터Form/Design Center'라는 간판을 발견했다. 어떤 곳일까 궁금해서 검색해 보니 '디자인과 건축의 융합을 형태라는 주제로 풀어낸 박물관'이라고 쓰여 있었다. 설명을 들으니 오히려 더 모르겠는걸. 그래도 무료입장이고 말뫼에서 더 하고 싶은 것도 없었던 참인지라 한번 가보기로 했다.

큰 기대 없이 들른 폼/디자인 센터는 의외로 볼거리가 많았다. 디자인 숍에서 판매하는 예쁜 그릇이나 노르딕 패션 잡화, 그림 등도 구경할 만했고, 나무와 돌, 솔방울, 밤 등 자연물을 이용한 만들기 놀이나 그리기 구역 등 놀이 공간도 잘 갖춰져 있었다.

윤서와 조기사가 모래 점토가 채워진 4인용 테이블에 앉았을 때, 금발의 또래 여자아이와 네모난 뿔테 안경을 쓴 아이 아빠가 큼직한 백팩을 내려놓고 맞은편에 앉았다. 독일에서 온 가족이었다. 윤서와 조기사가 모래 점토를 둥그렇게 뭉쳐 괴물을 만들며 키득거리는 반면, 독일 아빠와 딸은 입을 꾹 다문 채 진지한 눈빛으로 엄지손가락만 한 벽돌을 하나하나 만든 다음 정교하게 쌓았다. 그 모습을 본 조기사가 내게 조용히 속삭였다. "역시 독일 사람이라니까."

나는 모래점토 한독전 심판을 관두고 천천히 전시실을 둘러보았다. 마침 그날의 전시 주제는 어린이와 청소년을 위한 도시 공간과 놀이터 디자인이었기에 더욱 관심이 갔다. 전시실 벽면에는 사진과 함께 도시 건축가나 환경 운동가들이 남긴 말이 쓰여 있었다.

정신이 망가지는 것보다는 뼈가 부러지는 게 낫다

−마저리 앨런, 1968

영국의 아동복지가인 마저리 앨런Marjory Allen은 1943년 유럽 최초로 만들어진 코펜하겐의 모험 놀이터를 방문한 뒤 크게 감명을 받고 영국 전역에 모험 놀이터 운동을 펼친 사람이다. 그녀가 남긴 말을 보며 나는 내 어린 시절이 떠올랐다. 공공놀이터가 없는 동네에서 살았던 나는 종종 공사장에 쌓인 하수도관 안을 들락날락하며 숨바꼭질하거나 폐타이어를 누비며 놀았다. 초등학교 1학년 때 쓰레기가 가득한 뒷산에서 원더우먼처럼 풀쩍 뛰어내렸다가 발목에 깁스를 한 적이 있다. 발목의 통증은 잊은 지 오래지만 몸이 붕 떠오르는 짜릿함은 지금도 내 기억 속에 생생하게 남아 있다. 그 순간만큼은 나도 슈퍼 히어로였다. 평범한 놀이터에서는 느껴볼 수 없는 성취감이었다.

하지만 부모가 되고 나서 내 입장은 은근슬쩍 바뀌어버렸다. 내 아이는 위험한 놀이를 하다가 다치지 않길 바랐다. 아이의 정신이 망가지는 것은 싫지만 뼈가 부러지는 일도 두려웠던 나는 아이를 데리고 놀이터에 나갈 때마다 "안 돼!", "위험해!"를 반복했다. 아이가 다칠 걱정 없이 놀 수 있는 장소는 실내 키즈 카페였다. 각종 석유화학제품으로 만든 놀이기구들과 스티로폼 완충제로 둘러싸인, 모든 위험 요소를 철저히 제거한 그곳은 더없이 안전했다. '바깥 공기도 좀 쐬면서 놀면 좋으련만', '이런 장난감은 환경 호르몬이 나올 것 같은데 나무로 만드는 게 좋지 않을까' 등등 아쉬움은 들면서도, 어디를 가도 비슷비슷한 미끄럼틀과 시소 몇 개만 놓인 아파트 놀이터를 순회하는 것보다는 키즈 카페에 가는 편이 낫다고 생각했다.

북유럽의 공공놀이터는 갓난아기부터 청소년에 이르기까지 다양한 연령대가 함께 놀 수 있도록 설계된 곳이 많다. 미끄럼틀 하나를 설치하더라도 길이를 최대한 길게 만들거나 두세 사람 이상 타도될 정도로 폭을 넓혀 아이들의 놀이 욕구를 더욱 폭발시킨다. 그물로 된 정글짐과 바닥에 설치된 튼튼한 트램펄린은 두세 살배기 아기들에게도 인기 만점이다. 북유럽 공공놀이터의 놀이 시설은 우리나라의 공공놀이티보다 뭐든 좀 더 많고, 좀 더 넓고, 좀 더 높고, 좀 더 길었다.

우리 아이들의 놀이터도 북유럽의 놀이터처럼 '조금만 더' 아이들이 즐거워할 만한 곳이라면 좋겠다. 한국으로 돌아온 뒤 아쉬움을 달래려고 소문난 창의 놀이터들을 일부러 찾아가 보기도 했지만 기대에 미치지 못한 곳이 대부분이었다. 훌륭하게 잘 만들어진 공공놀이터는 시내와 동떨어진 곳에 있거나 너무 붐빌 때가 많았고, 신식 아파트의 놀이터들은 외부 이용객이 자유롭게 이용하기 어려웠다. 공공놀이터를 기획하는 지자체가 만든 자료나 교수들의 논문에는 북유럽의 놀이터가 단골 모델로 등장하는데도 실제 결과물이 그와 다르게 나오는 건 왜일까. 예산이나 안전 문제 등 여러모로 신경 쓸 요소가 있을 거라는 생각은 들지만 앞으로 우리나라도 더욱더 재미난 공공놀이터가 많이 지어지기를 기대해본다. 비싼 입장료도 시간 제한도 없이, 시원한 공기와 바람을 쐬며 몇 시간이고 뛰놀 수 있도록 말이다.

수많은 심리학자가 오랜 세월 건강에 관한 연구를 해 봐도 절대 뒤집히지 않는 진리는 '건강한 육체에 건강한 정신이 깃든다'는 것이라고 한다. 아이들이 온종일 맘껏 뛰노는 사회에는 밝은 미래가 기다리고 있다. 건강한 몸과 마음을 지닌 어른으로 성장하기 위해 아이들에게 놀 권리를 쥐어주는 것. 그것이 지금 어른들의 사명이지 않을까.

"뼈는 부러져도 곧 낫지만, 눈에 보이지 않는 정신이 망가지면 치유하는 데 시간이 오래 걸립니다." 마저리 앨런이 80년 전에 남긴 또 다른 명언을 되새겨본다.

스칸디나비안의 집

스웨덴 서부 해안도시 예테보리Göteborg에서 머물 린다Linda의 집을 찾아가는 것은 생각보다 간단했다. 말뫼 중앙역에서 기차를 타고 세 시간쯤 가다가 예테보리 중앙역에 내린 다음 트램으로 한 번만 갈아타면 끝이었다. 북유럽 여행은 어떤 대중교통 티켓이든 앱으로 간단히 결제하고 휴대폰 화면만 보여주면 되어서 편리하다. 새로운 지역으로 이동하는 날이면 낯선 장소에서 헤매게 될 시간까지 고려해서 스케줄을 여유 있게 잡는데, 우리의 예테보리행은 첫날부터 시간이 남아돌 만큼 순조로웠다. 나는 린다에게 체크인 시간보다 30분 정도 일찍 가도 되느냐고 메시지를 보냈다.

"아…… 알았어요. 방금 손님이 떠나서 한창 청소 중이지만, 최대한 빨리 끝내도록 노력해볼게요. 그리고 참, 아이가 몇 살이죠? 이름 좀 알려주실래요?"

린다의 답장에는 왠지 모르게 당황하는 기색이 어려 있었다. 30분 정도면 숙소 근처에서 대충 시간을 보내다 가도 되는데, 괜히 물어본 것 같았다. 나중에야 알았지만 스웨덴 사람들은 정시 약속을 중요하게 여겨서 약속 시각보다 빠르게 도착하는 것도, 늦게 가는 것도 좋아하지 않는다고 한다.

트램에서 내려 마주한 린다의 동네는 깨끗하고 고요했다. 정거장 주변으로는 넓은 잔디와 운동장을 갖춘 유치원과 초등학교가 있고, 가로수가 우거진 언덕길 양옆으로는 새하얀 페인트 칠을 한 2층짜리 단독 주택들이 늘어섰다. 이곳 중 하나가 린다의 집이었다.

"엄마, 여기다! 여기 맞지?"

얼핏 똑같아 보이지만 자세히 보면 조금씩 다른 집 중에서 윤서는 다른 그림 찾기 하듯이 린다의 집을 찾아냈다. 벨을 누르자 조그만 갈색 푸들을 품에 안은 린다가 문을 열고 나타났다. 아담한 체구에 침착한 눈동자를 지닌 그녀가 땀에 절어 흘러내린 금빛 머리카락을 쓸어올리며 어색한 미소를 지었다. 우리가 예정보다 빨리 온다고 너무 급하게 청소를 했던 걸까? 서먹한 분위기가 감도는 그때,

"엄마! 이 강아지 좀 봐. 엄청 귀여워!"

윤서가 건넨 환호에 우리들의 관심사는 단번에 푸들로 바꿔

었다. 린다는 강아지로 아이의 환심을 사려는 자신의 계획이 통했다는 듯 서둘러 무릎을 굽혀 아이에게 푸들을 만져보게 했다. 여행 도중 낯선 사람과 경계심을 풀고 친밀해질 수 있는 가장 좋은 방책은 단연 아이의 존재다. 여기에 반려견까지 더해지니 이보다 더 훈훈할 수 없었다. 인사를 마친 린다가 말했다.

"저기, 무엇이든 필요한 거 있으면 다 말하세요. 빨랫감이 있으면 저한테 주시고요. 이 집엔 세탁기가 없거든요. 내가 빨래해서 가져다줄게요."

첫날부터 중년의 스웨덴 부인에게 우리의 허름한 빨랫감을 맡기고 싶지는 않았지만, 나는 눈 딱 감고 빨래가 든 커다란 가방을 린다의 두 손에 넘겼다. 스웨덴에 도착하고부터는 동전 빨래방을 찾을 수가 없어서 내내 손빨래만 대충 해왔기 때문에 염치를 차릴 처지가 아니었다.

린다의 집에 들어서자 나는 그녀가 아까 왜 그렇게 당황했는지 알았다. 주방과 다이닝룸, 침실, 베란다, 화장실까지 모두 먼지한 톨 없이 깔끔하게 정리된 집 안은 마치 잡지를 뚫고 나온 듯한 스칸디나비아 스타일 인테리어 그대로였다. 채광 좋은 2층에 자리 잡은 덕분에 창 너머로 들어온 가을 햇살이 거실의 하얀 가구들과 벽지마다 스며들어 있었다. 창가엔 싱그러운 관엽수 화분들이, 다이닝룸과 거실 곳곳에는 예쁜 조명과 촛대들이 장식돼 있고, 테이블마다 놓인 꽃병에는 오전에 사서 담아둔 듯한 분홍 장미와 노란 해바라기가 은은한 향기를 풍겼다.

덴마크 오르후스에서 머문 가정집이 활동적이고 감각적인 예술가의 집이라면, 예테보리 린다의 집은 꼼꼼한 안주인의 손길이 묻어나는 정겨운 살림집이었다. 남편, 두 자녀와 함께 사는 현역 주부 린다의 손길이 닿은 덕분인지 집안 곳곳에 사람 사는 냄새가 났다. 식탁에는 초콜릿과 사탕이 귀여운 메모와 함께 놓여 있었다.

"윤서야, 우리 집에 온 걸 환영해. 맛있게 먹고 즐거운 여행 되길 바라." 나와 조기사를 위한 메시지도 있었다. "예테보리에 온 걸 환영해요. 냉장고에 든 샴페인과 와인으로 축배를 들어요."

이뿐만이 아니었다. 거실 탁자 위에 놓인 상자 속에는 비즈 액세서리가 듬뿍 담겨 있었다. 그리고 그 옆에는 또 다른 그녀의 메시지.

"윤서야, 이걸로 만들고 싶은 목걸이와 팔찌를 실컷 만들어서 가지렴!"

린다는 이 모든 이벤트를 혼자 준비하느라 시간이 필요했던 것이었다.

여행안내서를 만들며 이 나라 저 나라 숙소에 머물면서 터득한 것 중 하나는 괜찮은 숙소를 알아보는 눈이다. 여행 초보 시절엔 인터넷 사진이나 후기만 믿고 갔다가 이런저런 시행착오를 겪었지만, 이제는 우리 가족에게 편안한 곳이 어디인가를 찾아내는 데 능숙하다. 개인 소유의 집을 빌릴 때는 별점이 높은 후기보다는 낮은 후기를 꼼꼼히 살펴보고, 주인이 얼마만큼 서비스 마인드를 가지고 성실하게 답변하는지, 혹시 사진 구도를 다르게 하여 불편한 점을 눈치채지 못하도록 속임수를 쓰진 않았는지를 다각도로 들여다봐야 한다. 린다는 단지 돈을 벌려고 집을 내주는 사람이 아니라 여행의 행복한 추억을 선물해주고 싶어 하는 사람이었다. 그것은 각국의 가족 여행자들이 거실에 남기고 간 방명록을 읽어봐도 알 수 있었다.

몇 시간쯤 지나자 린다가 세탁물을 들고 벨을 눌렀다. 잘 건조해서 차곡차곡 개키기까지 한 우리의 세탁물에서는 침실에서도 맡았던 향긋한 섬유유연제 냄새가 풍겼다. 나는 예테보리를 여행하러 온 게 아니라 린다네 집에 살러 온 것 같았다.

햇살 [[다뜻한 날은 휴일

린다의 집에 머무는 동안 예테보리의 날씨는 이상하리만치
쾌청했다. 린다는 원래 이맘때쯤 예테보리의 날씨는 변덕스럽고
흐린데 우리 가족이 해를 몰고 온 거라고 말해주었다.

매일 화창한 날이 이어지다 보니 그간 잠들어 있던 강박증
이 다시금 나를 깨웠다. '숙소에서 뒹굴지만 말고 빨리 바깥으로
나가지 않고 뭐 하는 거야?'라는 생각. 이런 날씨의 예테보리는
어느 곳에 뷰파인더를 들이대도 환상적일 것이고 낮 동안 평소
보다 많은 곳을 돌아볼 수 있을 거였다. 나는 초조한 눈빛으로 조
기사를 곁눈질했다. 조기사는 좀체 일어날 생각을 않고 이불속
에 파묻혀 있었다.

"저기, 우리 인제 그만 나갈까?" (코펜하겐에서도 했던 말이다.)

"응? 아……. 오늘은 그냥 집에서 편하게 쉬고 싶은데." 조기
사가 게슴츠레한 눈을 뜨고 (코펜하겐에서처럼) 말했다.

"그래도 날씨가 이렇게 좋은데 집에만 있는 게 너무 아깝잖아. 이러다 언제 또 덴마크처럼 비가 올 지도 모르고…… 이럴 때 열심히 돌아다녀 줘야 하는 거라고. 안 그러면……."

"어, 어, 그렇지. 그런데 진짜 오늘은 너무 피곤하다. 나 조금만 더 쉴게."

그가 다시 잠꼬대처럼 대꾸하고 돌아누웠다. 조기사는 저렇게 누워버리고 나면 최소 두 시간은 깨지 않는다. 윤서는 거실 소파에 앉아 비즈 팔찌를 만드느라 바빴다. 걸음마를 떼기도 전부터 아빠 엄마를 따라 여행을 다니며 이곳저곳 숙소를 옮기는 데 익숙한 윤서는 어디에서 자더라도 자기 집인 것처럼 적응이 빠르다.

그래, 됐다, 됐어. 둘이서 저렇게 집에 있고 싶다는데. 어차피 예테보리에서 특별히 할 일도 없었다. 애초에 스웨덴에서의 두 번째 여행지를 수도인 스톡홀름이 아니라 예테보리로 정했던 건, 덴마크 오르후스에서 그랬듯이 지방 도시의 가정집에서 조용히 쉬고 싶었기 때문이다. 하마터면 또 중요한 사실을 잊을 뻔했군.

나는 식탁에 앉아서 거실 책장에 꽂힌 책들을 하나씩 꺼내 보았다. 먼저 사진이 풍부한 스웨덴 요리책과 인테리어 잡지를 살펴보고, 스웨덴 팝그룹 아바ABBA의 두툼한 화보집도 넘겨보았다. 그밖에는 대체로 추리 소설이었는데, 우리나라에도 잘 알려진 스릴러 작가 헨닝 망켈Henning Mankell부터 아직 국내에 소개되지 않은 스웨덴 작가들의 작품까지 다양했다. 누군가에 대해 알고 싶으면 그 사람의 책장을 살펴보면 된다지. 린다의 책장을 구경하면서 나는 그녀와 더욱 가까워진 느낌이 들었다.

책을 덮고 주방으로 가서 반질반질하게 잘 닦인 커피메이커를 작동하고 커피를 내렸다. 커피와 함께 먹을 간식 몇 가지를 챙겨 테라스로 나가자 윤서도 뒤따라 나왔다.

햇살을 머금은 잔디 정원에는 나비와 벌이 날아다니고 귓가에는 새들의 노랫소리가 들려왔다. 수풀 사이로 다람쥐 한 마리가 빼꼼히 고개를 내밀었다. 윤서가 소리쳤다. "어! 다람쥐다! 다람쥐야, 나와봐!"

윤서는 맨발로 잔디밭을 뛰어다니며 수풀 속으로 숨어버린 다람쥐와 숨바꼭질을 했다. "엄마, 저기 다람쥐가 또 있었어! 가족이 있었어! 엄마 아빠 다람쥐랑 아기 다람쥐 말이야."

테라스로 돌아온 아이는 조그만 수첩 속에 다람쥐 가족을 그려 넣었다. 조기사는 여전히 빳빳한 이불 속에서 얼굴만 내놓은 채 뺨에 내려앉은 햇볕을 쬐며 곤히 잠들어 있었다.

아이슬란드어 중에 '솔라르프리Solarfri'라는 단어가 있다. '햇살 따뜻한 날은 휴일'이라는 뜻이다. 한 줌의 햇볕도 소중한 북유럽 사람들은 추운 겨울날 따스한 해가 비추면 하던 일을 멈추고 풀밭으로 뛰쳐나간다. 오늘은 우리 가족만의 솔라르프리였다.

그날 밤 나는 린다가 한 무더기 쌓아 둔 양초 중에서 한 개를 꺼내 초에 불을 붙였다. 저녁은 직접 해 먹는 대신 평소 눈여겨 보아둔 동네 피자집에서 피자를 테이크아웃했다. 조그만 동네 체인점이었지만 이탈리아인들이 눈앞에서 직접 반죽하고 구워낸 것이다. 흔들리는 촛불 앞에 앉아서 맛있는 음식을 먹고 있으려니 속 깊은 대화들이 술술 흘러나왔다.

밤이 깊어지자 창밖의 가로등 불빛이 집 안 구석구석을 비추면서 신비로운 모양의 그림자들이 만들어졌다. 커튼을 살짝 걷으니 맞은편 집 거실이 들여다보였다. 머리가 벗어진 한 남성이 소파에 홀로 앉아 커다란 TV에서 나오는 탐정 드라마에 빠져 있었다.

우리 셋은 창가에 나란히 붙어서서 그와 함께 드라마를 시청했다. 긴박한 탐정물이니 소리가 안 들려도 대충 내용을 파악할 수 있었다. 사건이 발생한 뒤 범인이 도망쳤고 피해자가 경찰서를 찾아온다. 형사들이 단서를 찾기 위해 분주히 움직인다. 장난기가 발동한 나는 영상에 우리말 더빙을 입혔다.

"단서는 찾았나?"

"아직입니다. 그런데 탐정님……."

"뭐야? 온종일 뒤졌는데 아무것도 나온 게 없어?"

"아뇨, 그게 아니라…… 탐정님 엉덩이에 팬티 보이는데요."

와하하하! 윤서가 자지러지게 웃었다. 중년 남성은 자신의 등 너머에서 무슨 일이 벌어지는지도 모른 채 미동도 하지 않고 드라마에 심취했다.

여행을 떠나는 이유 중 하나는 숨 가쁘게 반복되는 일상에서 벗어나고 싶어서다. 그런데도 나는 막상 여행지에 도착하면 무언가 새로운 할 일을 만들어내고 또 다시 지쳐버렸다. 이렇게 되면 장소만 바뀌었을 뿐이지 몸과 마음이 피곤하다는 사실은 떠나기 전과 다름없는 꼴이 되고 만다. 반평생 세계를 여행한 무라카미 하루키는 "피곤하지 않은 여행은 여행이 아니다"라고 단언했지만, 이제 몸과 마음이 고생스러운 여행은 옛 시대의 유물로 남길 바란다. 여행지에서 여행하고 있다는 사실조차 지워버리는 일, 그것이 앞으로 내가 할 여행이었다. 린다의 집에서 나는 여행을 잊었다.

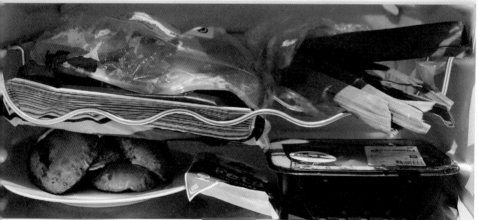

장 보고, 만들어 먹고, 또 장 보고

식품을 전공한 조기사는 여행지에서 그 나라 사람들이 뭘 먹고 사는지 알아보는 걸 제일 재밌어한다. 그는 해외여행 중 마트에 들를 때마다 마치 공룡학자가 쥐라기 시대로 시간여행을 떠나 살아있는 박물관을 마주한 것처럼 흥분한다. 특히 냉장식품 파인 조기사는 신선 코너를 돌아다니며 소고기나 돼지고기의 어느 부위를 얼마에 판매하는지, 치즈나 우유의 종류에는 어떤 것이 있고 성분이 무엇인지 꼼꼼히 라벨을 확인한다. 나로 말하자면 가공식품 파다. 알록달록한 포장지를 덮어쓰고 진열된 식료품들의 이국적인 패키지 디자인과 텍스트를 들여다보는 데 묘한 재미를 느낀다. 때론 단돈 1유로짜리 초콜릿이나 통조림 따위가 내게는 귀중한 여행 전리품이 되어준다.

북유럽 여행 도중 아이의 최대 관심사가 놀이터와 놀이공원이었다면, 나와 조기사에게 스웨덴의 대형 마트 이카 막시ICA Maxi는 디즈니랜드 격이었다. 덴마크도 이야마Irma나 팍타Fakta 등 좋은 식재료를 파는 슈퍼마켓이 많긴 했지만 대부분 소형 체인이어서, 대형 마트에 가려면 시내 외곽으로 나가야 했다. 스웨덴의 이카 막시는 우리나라 대형 마트급 크기인 데다 접근성도 괜찮은 편이고 덴마크보다 물가도 저렴했다(이카 네라ICA Nära나 이카 크반툼ICA Kvantum은 규모가 작다). 더구나 린다의 주방은 이제껏 머문 숙소 중에서 가장 완벽했다. 필요한 모든 주방기기와 식기, 조리도구를 갖췄고 찬장에는 양념 병이 즐비했다. 참고할 만한 스웨덴 요리책도 많았다. 크고 둥그런 라탄 등이 달린 널찍한 테이블도 식사의 즐거움을 더했다. 예테보리에 머무는 동안 우리는 매일 마트에서 사 온 먹거리로 아침과 저녁 식사를 만들어 먹었다.

해외여행 중에 마트에서 뭘 사 먹어야 좋을지 고민이 될 때 나는 현지인의 장바구니를 스캔한다. 특히 이카 막시처럼 규모가 커서 뭐든지 다 파는 마트에서는 몸에 안 좋은 음식들의 유혹에 넘어가기 쉽기 때문에 나는 주로 건강하고 균형 있는 몸매를 지닌 현지인의 장바구니를 엿보며 그날의 먹거리를 정했다. 근육이 잘 잡힌 여성들이 퇴근 후에 골라 담은 영양 만점 간편식, 날렵한 체구의 노인들이 집는 지방이 적은 육류와 신선한 야채 등을 우리의 카트에도 똑같이 채워 넣었다. 덕분에 우리 가족은 담백한 스웨디시 미트볼과 북유럽식 호밀 크래커인 크네케브뢰드_{Knäckebröd}, 병아리콩 스프레드, 칼로리가 낮은 저지방 요거트와 치즈들, 화분째 담긴 싱싱한 바질과 딜, 허브로 양념한 데친 새우, 달콤하게 삶은 비트 등 북유럽 사람들이 즐겨 먹는 건강식을 맛볼 수 있었다. 참고로 식품에 '100% Svensk'라고 쓰여 있다면 스웨덴산 제품, 초록색 나뭇잎 모양의 마크가 그려진 것은 EU의 유기농 인증 제품, 'KRAV'라는 표기는 동물복지를 실천하고 기후변화와 생물의 다양성을 고려한 친환경 유기농 제품이라는 뜻. 그 밖에 식품 라벨에 표기된 상세 정보는 휴대폰 번역 앱이 착실하게 알려주었다.

우리가 머문 계절엔 북유럽의 가을에 채취되는 꾀꼬리버섯과 새빨간 링곤베리_{Lingonberry}가 제철이어서 종종 빵이나 샐러드에 곁들여 먹었다. 맛도 영양도 챙긴 저녁 식사를 하고 나면 그날 낮에 어떤 일이 있었든 간에 하루의 마무리가 만족스러웠다. 다음 날 아침엔 전날에 장을 봐온 샐러드나 호밀빵, 요거트, 뮤즐리, 과일 등을 챙겨 먹고 하루를 가뿐하게 시작했다.

흔히 북유럽은 물가가 너무 비싸서 여행 경비가 많이 든다고들 한다. 편의점 감자 칩 한 봉지가 4~5천 원이고 패스트푸드점에서 파는 햄버거 세트만 사 먹어도 1인당 1만5천 원은 드니

그런 불평이 나올 만도 하다. 북유럽은 우리나라보다 최저 임금과 소비세가 높으므로 가공식품 가격과 외식비도 그만큼 비싸다. 그렇지만 북유럽의 마트 물가는 우리나라보다 오히려 싼 편이어서(덴마크는 우리나라와 비슷하다) 신선한 제철 음식과 빵, 고기를 부담없이 사 먹을 수 있다. 북유럽 사람들은 퇴근 후 집에서 밥을 해 먹는 게 당연하기 때문에 마트에서 잘 손질된 야채와 반조리식품, 냉동식품, 통조림 등 조리의 번거로움을 덜어주는 식재료를 쉽게 구할 수 있는 것도 장점이다.

예전의 나는 해외여행 중에 탄수화물이나 지방 함량이 높은 고열량 요리가 대표 메뉴인 식당을 즐겨 다녔다. 밤이면 함께 여행 온 지인들과 주점에서 안주를 잔뜩 시켜놓고 술잔을 기울였다. 아이와 여행하기 시작하고부터는 캔맥주와 안줏거리를 숙소로 사 들고 와서 아이를 재워놓고 조기사와 둘이서 늦은 시간까지 먹고 마셨다. 그때도 지금처럼 마트 구경을 좋아했지만 짧은 여행 일정 중에 숙소에서 요리하는 건 귀찮고 손해 보는 느낌이라 말 그대로 '구경만' 했다. 요리할 시간에 현지 맛집을 한 군데라도 더 가보고 싶었고 추천 리스트에 적힌 간식들을 한 개라도 더 사 먹어보는 게 여행의 기쁨이라 생각했다. 야채는 집에 가면 어차피 먹지 않나? 살도 가서 빼면 되지 뭐. 아 참, 잠도 한국에 가서 몰아서 자면 되고!

되돌아보면 그 시절의 나는 지금의 절반만큼도 여행이 즐겁지 않았다. 어깨는 계속 묵직했고 다리는 생각대로 움직여주지 않았으며 머리도 지끈거렸다. 여행이 길어질수록 속은 더부룩해지고 바지는 허벅지에 꽉 껴서 지퍼를 여닫기도 버거웠다.

북유럽 여행 중 우리 가족은 마트에서 장을 봐 온 제철 야채와 과일, 육류, 해산물을 충분히 섭취하고 일곱 시간 이상 푹 잤다. 조리대가 없는 호텔에 머물 때면 외식보다는 근처 마트에서 판매하는 담백한 조리식품이나 빵, 골라 담는 샐러드 판매대를 이용했다. 식당에서는 아이에게 균형 잡힌 식사를 챙겨주기 어렵지만 숙소에서는 충분한 시간을 두고 아이에게 이것저것 골고루 먹이기 수월했다. 소시지 한 개를 먹고 싶으면 파프리카도 한 개 먹기, 비트 다섯 조각 먹으면 후식으로 젤리 먹기 같은 룰을 정하면서 아이의 입맛을 차차 바꿔나갔다.

여행지에서 식습관을 바꾸자 놀라운 일들이 벌어졌다. 아침에 잠에서 깨면 머리가 맑고 발걸음은 가벼웠다. 사소한 일에도 흥이 나고 가족끼리 쓸데없는 감정 소모를 하지 않게 되었다. 난생처음 해외여행을 떠나 모든 것이 새롭고 생기 넘쳤던 이십 대 초반으로 돌아간 듯했다. 아침과 저녁은 건강하게 먹되 점심은 달콤하고 기름진 음식을 허락하여 맛있는 음식을 즐기는 기쁨도 놓치지 않았다. 잠자리에 누우면 적당히 노곤해져서 휴대폰을 열어보며 뒤척이는 일 없이 곧장 꿀잠에 빠져들었다.

여행이 계속될수록 윤서는 점점 샐러드를 잘 먹는 아이가 되어갔다. 내가 지금 알게 된 걸 그때도 알았더라면, 좀 더 나의 몸과 마음을 돌볼 줄 아는 건강한 생활을 했었더라면, 그랬다면 나는 가슴 한쪽을 떼어내고 병실에 무기력하게 누워있지 않아도 되었을까. 어쩌면 내가 아이에게 고스란히 물려준, 풍성하고 탄력 있던 나의 머리카락도 여전히 예전 그대로였을까. 뒤늦게 후회를 해봐도 나에겐 시간을 되돌릴 능력이 없다.

하지만 한편으론 조금이라도 일찍 큰 경험을 한 것이 다행이라는 생각도 든다. 과거로 돌아갈 순 없어도, 지금부터 새로 시작하여 이전과 전혀 다른 결과를 낼 힘은 내게 얼마든지 남아 있으니까. 건강한 식생활과 마음가짐으로 살아가는 일은 지금부터 해도 늦지 않았으리라.

이 놀이터를 통째로 안고 돌아간다면

예테보리의 슬로츠코겐Slottsskogen 공원에는 스웨덴에서 가장 큰 생태놀이터가 있다. 피노키오를 연상케 하는 거대한 고래 미끄럼틀, 빨간 기차 모형, 미로 정원, 낙차를 이용한 물놀이대 등등 나무로 만들어진 자연 친화적인 놀이기구들이 넓은 공간을 가득 메운 놀이터다. 한쪽에는 화장실과 수유실, 휴식 공간을 갖춘 나무집도 있어서 부모와 아이들에게 아늑한 쉼터가 되어준다.

많고 많은 놀이기구 중 윤서가 제일 좋아한 것은 뱀처럼 기다란 미끄럼틀이었다. 윤서와 아이들은 이 높다랗고 긴 미끄럼틀을 타기 위해 언덕 꼭대기에 있는 출발지까지 반복해서 올라가는 수고를 마다하지 않았다. 숨이 턱까지 차고 다리가 아파도 그 뒤에 이어질 짜릿함을 맛보기 위해 아이들은 기꺼이 언덕을 오르고 또 올랐다. 이 미끄럼틀을 몇 번 타는 것만으로도 하루 치 운동량을 거뜬히 채우고도 남았다.

주말 한낮의 공원 놀이터는 아이들과 함께 온 스웨덴 가족들로 붐볐다. 새로운 놀이기구에 도전하고 경쟁하는 아이들 속에서 윤서도 함께 뛰어내리고 첨벙첨벙 물을 튀겼다. 여기저기 들려오는 아이들의 웃음소리를 듣자 이 놀이기구들을 몽땅 끌어 담아서 우리 동네로 가져가고 싶다는 충동이 일었다. 아니, 너무 욕심부리지 않는 선에서 딱 세 개 정도만 가져가도 아이들이 온종일 재미있게 놀 수 있을 텐데.

하지만 생각이 거기까지 이르자 도리어 마음이 무거워졌다. 우리 동네 놀이터가 스칸디나비아식으로 바뀐다 해도 그곳에서 윤서와 매일 놀 수 있는 아이들이 과연 얼마나 있을까 하는 의구심이 들었기 때문이다. 4시가 넘어 이미 해가 기울어가는 유치원 하원 시간에도 윤서의 친구들은 당연한 듯 유치원 정문 앞에 세워진 학원 버스에 올라탄다. 여행에서 돌아와 초등학교에 입학한 후 하교 시간은 오후 12시에서 1시 사이로 빨라졌지만 여전히 아이들은 학원을 가거나 방과 후 수업을 받으러 뿔뿔이 흩어진다. 미세먼지도 없고 햇살도 좋은 낮 12시에 윤서가 "운동장에 애들이 한 명도 없었어." 하며 집으로 돌아오면 참 안타깝다. 어쩌다 같이 놀게 되어도 한창 재미있어지려고 하면 아이들은 풀이 죽은 얼굴을 하고 학원으로, 학습지 선생님을 만나러 떠난다. 그나마 우리 동네는 하루에 한두 시간이라도 놀 수 있는 아이들이 제법 있는 편이지만, 수도권에서는 그마저도 허용되지 않는 경우가 많다.

"윤서야, 있잖아. 나 오늘 병원 가느라 학원 빠져서 너무 좋았어. 그래서 또 병원 가고 싶어."

우연히 듣게 된 아이 친구의 말이다. 아픈 것보다 학원 가는 게 더 싫다니 씁쓸하다. 가족이나 친구와 함께하는 시간이 부족한 우리나라의 아이들은 OECD 국가 중 학업성취도는 최상위 수준이지만 삶의 만족도는 최하위에 머문다고 한다. 요즘 아이들은 공부를 잘하거나 집이 부유한 아이들보다 놀 시간이 많은 아이를 제일 부러워하는 것 같다. 덕분에 놀이 재벌 윤서는 아이들의 부러움을 한 몸에 산다. 다만 나는 아이가 혼자 놀기의 고수이자 '엄빠'와 놀기의 달인이라는 점이 늘 아쉽다. 그보다는 또래 친구들과 모두 함께 오래오래 놀았으면 좋겠다.

'아이의 일은 노는 것이다.'

핀란드의 오래된 속담이다. 아이들에게 '노는 일'만 시키면 좋겠다. 휴대폰만 붙잡고 있지 않고 운동장과 놀이터에서 땀 흘리며 지칠 때까지, 그러다 배가 잔뜩 고파져서 밥도 반찬도 골고루 맛있게 먹고 곤히 잠들 때까지. 그러면 "넌 왜 간식만 찾고 밥은 안 먹니?", "제발 게임 좀 그만해!" 같은 잔소리는 저절로 사라질 테니.

다정한 나의 린다

예테보리는 환상적인 도시였다. 시내를 관통하는 클래식한 디자인의 하늘색 트램, 훌륭한 카페, 예쁜 잡화점들, 재미난 놀이동산과 공원이 있는 예테보리에서는 한 달 이상이라도 지낼 수 있을 것 같았다. 이곳에서는 걱정거리가 생기려야 생길 수가 없었다.

쿵!

깊어가는 가을밤의 평온을 깨뜨리는 둔탁한 소리가 거실에 울려 퍼졌다. 마트에서 사 온 식료품들을 찍으려고 집어든 카메라를 실수로 바닥에 떨어뜨렸다. 여행 전에 새로 장만한 렌즈가 완전히 먹통이 되었다. 나는 실은 이 익숙하지 않은 평화가 불편해서 견딜 수 없었던 것일까. 일곱 살 딸도 아픈 데 없이 잘만 여행을 다니는데, 덴마크 응급실 사건 이래 또다시 일을 만들고야 말았다.

밤 10시가 다 되어가는 시간이었지만 다급해진 나는 린다에게 응급 메시지를 보냈다. "늦은 시간에 미안해요. 혹시 예테보리 시내에서 이 카메라 렌즈와 똑같은 걸 살 수 있는 곳이 있을까요?" 그러자 곧바로 답장이 날아왔다. "OK! 걱정말아요. 내가 도와줄게요!"

5분도 지나지 않아서 린다가 현관 벨을 눌렀다. 그녀는 자신의 아이디와 전화번호로 온라인 쇼핑몰에서 렌즈를 예약한 후, 다음 날 아침 우리가 예테보리 역 앞 대형 전자쇼핑몰에서 찾을 수 있도록 도와주었다. 외국인은 이용할 수 없는 서비스였다. 화장기 하나 없는 얼굴에 파자마 차림으로 선 그녀가 내게는 성모마리아처럼 보였다. 언제든 다정하게 배려해주는 그녀는 무뚝뚝하고 정 없어 보이는 스웨덴인에 대한 편견을 깨주는 사람이었다. 나는 고맙다는 말을 어떻게 하면 좋을지 몰라서 그저 '땡큐'만 연발했다.

그때 윤서가 린다에게 다가와서 작은 메모지 하나를 건넸다. 린다가 푸들을 품에 안은 채 활짝 웃고 있는 모습을 그린 그림이었다. 우리가 현관에 서서 렌즈 구매에 관해 의논하는 동안 아이는 거실 테이블에 앉아 이 그림을 그리고 있었던 거였다. 린다는 열 마디 말보다 소중한 그림 한 장에 진심으로 기뻐했다.

린다의 집을 떠나 스톡홀름으로 가는 날 아침, 나는 얼른 짐을 싸고 동네로 나가 트램 정거장 앞에 있는 작은 양과자점에 들렀다. 곁에서 보면 작고 허름한 가게이지만 예테보리에서는 제법 이름난 생강 쿠키 전문점이었다. 나는 그곳에서 린다에게 줄 '예테보리'라는 이름이 붙은 원두와 생강 쿠키를 산 뒤 린다네 집 현관문을 두드렸다. 엄마와는 다르게 키가 매우 큰 그녀의 아들이 얼굴을 내밀었다.

"안녕하세요! 린다 있나요?"
"아, 어쩌죠. 엄마는 누나랑 다운타운에 꽃이랑 커피를 사러 갔어요."
"그래요? 우린 지금 떠나야 하는데…… 혹시 이거 린다에게 좀 전해주시겠어요?"
아들은 내가 건넨 쇼핑백을 보더니 당황하며 손으로 이마를 감쌌다.
"오우, 이런! 좀 있으면 엄마가 돌아올 텐데, 조금만 더 기다려주실 수 있나요?"
린다의 아들은 엄마처럼 마음씨가 상냥한 청년이었다. 그러고 보니 어젯밤 린다가 우리한테 역까지 바래다주겠다고 했던 게 생각났다. 트램 승차권 유효기간이 아직 남아 있어서 괜찮다고 사양했는데, 체크아웃 시간보다 빨리 떠날 거란 이야기는 미처 하지 않았었다.

윤서는 린다 아줌마가 집에 없다고 하니 눈물을 뚝뚝 흘렸다. 짧은 만남이었고 서로 말도 통하지 않았지만 아이는 린다를 정말 좋아했다. 우리는 예약해둔 기차 시간 때문에 하는 수 없이 린다의 아들에게 선물을 건네주고 그녀의 집을 떠났다.

스톡홀름으로 가는 기차 안에서 린다에게 메시지가 왔다.

오늘은 구름이 잔뜩 끼어서 한순간도 해를 볼 수 없었어요.
당신들이 떠나자 예테보리의 태양도 함께 사라졌어요.
햇살이 다시 내 콧잔등에 키스하는 날, 당신들을 떠올릴게요.
당신들의 딸은 세상에서 가장 아름답고 사랑스러운
아이예요.
아이가 남기고 간 그림을 보고 나는 눈물을 흘렸어요.
당신들과 얼굴을 마주하고 작별 인사를 하지 못한 게 너무
슬퍼요.
하지만 우리는 언젠가 다시 만날 거라 믿어요.
그날이 올 때까지 나는 이곳에서 당신들을 그리워할 겁니다.
커피 정말 고마워요. 잘 마실게요.
남은 여행에도 행운이 가득하기를.

-사랑을 담아, 린다

지금 이 순간도 그립다. 그녀가 준비한 커피 향기로 가득했던 거실도, 격자무늬 마룻바닥에 일렁이던 그림자와 햇살도, 창 밖으로 내다보이던 초록의 가문비나무 잎사귀들도, 해 질 녘 집으로 돌아오는 길을 분홍빛으로 물들이던 석양도, 잔디 위를 신나게 뒹굴던 초등학생들도, 집마다 켜진 노란 조명과 가로등 불빛도, 린다의 털이 복슬복슬한 갈색 푸들도……. 다정한 나의 린다, 다시 만날 그날까지, 안녕.

엄청나게 빠르고 믿을 수 없게 다양한

　　스톡홀름 중앙역에 내렸을 때 우리는 시골에서 갓 상경한 생쥐 가족이 된 기분이었다. 한 달 가까이 아기자기한 덴마크와 스웨덴의 지방 도시만 돌아다니다가 처음으로 번화하고 소란스러운 문명과 맞닥뜨렸다. 역 앞은 높다란 대형 백화점과 쇼핑몰, 호텔이 늘어섰고 도로는 자동차와 버스, 트램으로 붐볐다.

　　우리는 숙소로 이동하기 위해 지하철 표지판을 보고 더듬더듬 따라갔다. 지하철 이동 통로에는 저마다 다른 피부색과 머리칼을 지닌 사람들이 굳은 표정으로 바쁜 발걸음을 옮겼다. 가야 할 방향에 대해 한 치의 고민도 없이 습관처럼 잰걸음을 걷는 사람들. 서울에서도 익숙하게 보아온 풍경이다. 나와 조기사는 복잡한 노선도를 뚫어지게 쳐다보다가 결론을 짓지 못하고 개찰구 안내소 직원에게 어디로 가야 할지 물어봤다. 아랍계 이주노동자로 보이는 그는 눈썹을 찌푸린 채 우리가 타야 할 플랫폼 쪽을 말없이 손가락으로 가리켰다.

플랫폼에는 열차가 엄청나게 빠른 속도로 2~3분에 한 대씩 진입했다. 스크린도어가 설치돼 있지 않아서 정신을 놓고 있다가는 금세 발을 헛디뎌 철로 밑으로 빨려 들어가 버릴 듯했다.

간신히 열차에 올라 좌석에 앉고 보니 벽면에 붙은 병원 광고가 눈에 들어왔다. 일렬로 늘어선 십여 명의 의사가 잇몸을 내보이며 활짝 웃는 사진인데, 일부러 구색을 맞춘 듯 인종이 모두 다르다. 스톡홀름 인구의 20퍼센트 이상이 이민자라는 말이 실감 났다. '인종의 용광로'인 뉴욕에 사는 사람들이 스톡홀름에 와보면 피식 웃을지 모르지만, 이 빠르고 시끄럽고 다양한 도시는 내게 있어 '북유럽의 뉴욕'이었다.

열차가 스톡홀름 북부의 솔나Solna 역에 도착했다. 시내 중심부보다는 덜하지만 이곳 또한 대형 쇼핑몰과 버스 환승 센터, 국적이 뒤섞인 음식점 등이 들어서서 제법 번잡했다. 역 앞 광장에서는 한 젊은 흑인 남성이 머리가 희끗한 백인 남성에게 삿대질하며 고함을 지르고 있었다. "아직도 내 말 못 알아먹겠냐? 어? 당장 여기서 꺼지라고!"

우리는 아이의 손을 꼭 잡고 서둘러 그 곁을 지나쳤다. 역에서 멀어져 숙소에 가까워지면서 거리는 점차 한산해졌다.

스톡홀름에서 우리가 머물 첫 숙소는 아파트형 호텔이었다. 주인이 함께 살고 있거나 미리 전달받은 번호키로 직접 문을 열고 들어가는 일반 아파트 숙소와는 달리 호텔처럼 로비가 있고 직원이 상시 근무하는 곳이다. 스웨덴의 전문 부동산 업체에서 운영하므로 어느 지점이든 입지 조건이 괜찮고 균등한 서비스와 질을 보장한다. 원한다면 매일 방 청소 서비스나 조식 이용도 가능하다. 이곳에 머무는 동안 아침마다 복도에는 침대 시트를 갈고 청소를 하는 직원들이 규칙적으로 움직이는 모습을 볼 수 있었다. 모두 남편보다 머리 하나는 더 있는 큰 키의 아프리카계 흑인들이었다.

객실 문을 열고 들어서니 침대, TV, 싱크대, 식탁, 냉장고, 세탁기, 건조기까지 모든 것이 있어야 할 위치에 필요한 만큼 잘 갖춰져 있었다. 화이트 톤의 모던하고 심플한 가구와 조명, 주방 식기와 조리도구는 대부분 이케아 제품으로 팸플릿에는 분리수거 방법을 비롯한 모든 규칙이 일목요연하게 정리돼 있었다.

흠잡을 곳은 한 군데도 없었는데도 이상하리만치 흥이 나지 않았다. '지나치지도 모자라지도 않은', '딱 알맞은'이라는 뜻의 스웨덴의 라곰^{Lagom} 정신은 '크게 실망할 일도 없지만 특별히 즐겁지도 않은'으로 해석될 수도 있을 것 같았다. 우리는 이곳에서 행복할 수 있을까? 스톡홀름에 온 첫날, 나는 조금 걱정스러워졌다.

스톡홀름, 위에서 볼까, 아래에서 볼까

아이와 도시를 여행할 때 그곳이 걷기에 쾌적한 환경인지 아닌지는 우리 부부에게 아주 중요한 문제다. 덴마크 여행이 즐거웠던 건 도시가 걷기에 최적화돼 있던 덕이 컸다. 그러나 스톡홀름은 대중교통이 발달한 곳이지 보행자를 우선하는 도시라고는 볼 수 없었다. 걷다가도 중간중간 길이 끊겼고 도로와 항구는 매일 재개발과 보수공사가 한창이었다. 스웨덴 사람들에게 길을 물어봐도 어디로 어떻게 걸어야 하는 건지 잘 알지 못했다. 바다와 호수가 뒤섞인 스톡홀름은 무려 14개의 섬이 57개의 다리로 이어져 있는 도시다. 인도가 끊기거나, 있다고 해도 걷기 어려운 환경인 이유는 복잡한 지형 탓도 있을 것이다. 우리는 자연스레 걷기를 멈추고 대중교통을 이용하게 되었다. 트램, 버스, 지하철, 배 등 어떤 것을 타도 어디든지 편리하게 돌아다닐 수 있고 24시간권, 48시간권, 72시간권 등 무제한 승차권도 쉽게 구매해서 사용할 수 있었기 때문에 굳이 걸을 필요가 없었다.

　우리의 이동속도가 빨라진 만큼 스톡홀름에서의 시간도 바빠 흘러갔다. 스톡홀름은 박물관 섬이 따로 있을 정도로 볼거리가 많은 도시여서 몇 군데만 본다고 해도 시간이 금세 지나갔다. 북유럽인의 의식주 문화를 소개하는 노르딕 박물관, 침몰한 대형 범선이 전시된 바사 박물관, 어린이 박물관인 유니바켄Junibacken 등을 차례차례 둘러본 뒤에도 내 눈은 여전히 새로운 볼거리를 향해 있었다. 중세 시대를 재현한 거리와 동물원이 있는 야외 민속박물관 스칸센Skansen이나 놀이공원인 그뢰나 룬드Gröna Lund도 가보고 싶었다. 분명 윤서가 좋아할 텐데. 하지만 이곳들까지 가보려면 이틀은 더 필요하겠는걸. 게다가 여기까지 왔는데 아이만 생각할 순 없으니 당연히 나를 위한 장소도 가봐야지. 이를테면 아바 박물관이나 현대사진 미술관 포토그라피스카Fotografiska 같은…….

　그렇게 며칠을 돌아다니다가 조기사가 말했다.
　"스톡홀름의 매력이 대체 뭐지? 난 우리가 왜 굳이 여기에 오래 머물러야 하는 건지 모르겠어. 이건 우리가 바랐던 여행이 아니잖아. 안 그래?"
　나는 유명 셰프의 레시피를 따라하겠다고 허둥대다가 뜨거운 냄비에 팔을 덴 기분이 들었다. 그때 우리는 스톡홀름의 옛 시가지인 감라스탄Gamla Stan을 걷고 있었다. 웅장한 왕궁과 대성당, 노벨 박물관, 노란 외벽이 돋보이는 13세기 건물들은 SNS용 사진을 찍기에 제격이었다. 스웨덴 국기가 그려진 조악한 열쇠고리나 싸구려 티셔츠를 파는 기념품점, 바닥에 지저분한 휴지가 나뒹구는 패스트푸드점과 프랜차이즈 카페들을 뷰파인더에서 슬쩍 밀어내기만 한다면……. 나는 나도 모르게 '반드시 가봐야 할 추천 명소'를 행여 놓칠세라 남편과 아이를 부추겨 찾아다니는 예전의 여행 습관을 되풀이하고 있었다. 딱히 나쁠 건 없지만 그렇다고 즐겁지도 않은, 적당하고 고만고만한 여행이었다.

그 날 이후 우리는 우리만의 방식대로 스톡홀름의 시간을 다시 만들어갔다. 페리를 타고 자그마한 섬에 들어가서 한적한 미술관을 어슬렁거린다든가, 빵과 과자를 펼쳐놓고 잔디 공원에서 뒹굴뒹굴한다든가, 대학교 뒷골목에서 발견한 작은 카페에서 시간을 보낸다든가. 물론 이런 여행지에서 남긴 사진들은 한강 공원이나 가로수길에서 찍은 것보다 나을 게 없으므로 '좋아요'를 받기는 어렵다. 주변 사람들에게 "북유럽까지 가서 뭐 한 거냐?"라는 핀잔을 듣지 않으면 다행인 수준이다. 그러나 그 여행은 그 날 뺨에 와닿은 공기와 햇살이, 귓가를 간지럽히던 우리의 웃음소리가 매 순간 주인공이 되는 여행이었다. 다른 사람은 다

모르더라도, 그때 그곳에서 함께한 우리가 행복한 여행이었다.

어느 해 질 무렵, 우리는 몬텔리우스바겐Monteliusvägen 전망대에 올랐다. 관광객에게 가장 많이 알려진 스톡홀름의 전망대는 시청사 타워 전망대이지만, 현지인이 제일 좋아하는 전망대는 몬텔리우스바겐 전망대라고 한다. 나는 어떤 블로그인가에서 "왜 남의 시청을 돈 주고 구경하냐"는 글을 보고 움찔해 시청사 전망대 대신 이곳에 가기로 결정했는데, 막상 올라와 보니 과연 탁월한 선택이었다. 그리 가파르지 않은 언덕을 조금만 오르다 보면, 수풀이 우거진 좁다란 산책로와 자그마한 잔디밭 앞으로 스톡홀름의 탁 트인 전경이 그림처럼 펼쳐진다. 바다와 섬, 언덕으로 이루어진 스톡홀름은 아래에서 볼 때보다 위에서 바라보는 모습이 더 아름다웠다. 게다가 이곳에는 고맙게도 귀여운 오두막과 마차가 있는 작은 놀이터까지 딸려 있다.

생각의 틀을 바꾼 그곳엔 이제까지와는 또 다른 모습의 스톡홀름이 있었다. 스톡홀름을 어떻게 바라볼지는 저마다 다를 것이다. 나는 스톡홀름을 조금 천천히, 먼발치에서 바라볼 때가 가장 좋다.

Stockholm

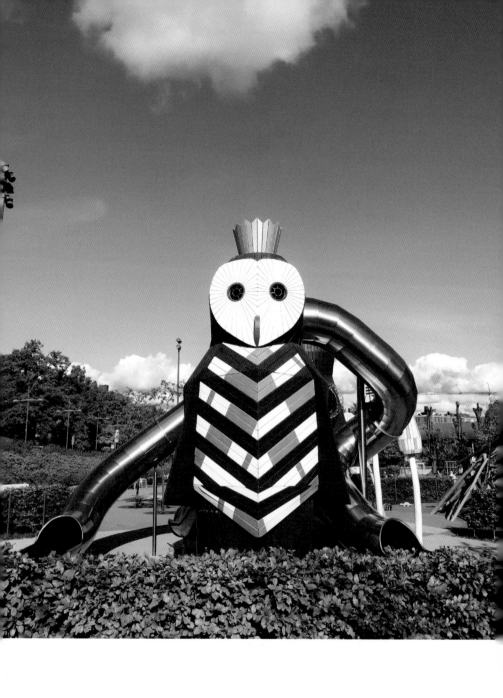

스웨덴 놀이터는 오늘도 맑음

말뫼와 예테보리에 이어 스톡홀름에도 잘 만들어진 공공놀이터들이 많다. 코펜하겐에서처럼 걷다 보면 발에 챌 정도로 많은 수는 아니지만 대중교통으로 조금만 발품을 하면 괜찮다고 소문난 놀이터들을 어렵지 않게 찾아갈 수 있다.

스톡홀름의 놀이터 중 가장 마음에 든 곳은 과일 공원 Fruktlekparken 이다. 시내 중심부에서 서쪽, 조용한 주택가와 호수에 둘러싸인 릴리에홀멘Liljeholmen 지역에 있는 이 공원에는 수박, 오렌지, 바나나, 딸기, 파인애플, 체리, 서양배 모양을 한 색색의 오브제가 초록의 잔디밭 위에 놓여 있다. 언뜻 보면 야외 조각품처럼 보이지만 가까이 다가가서 보면 모두 놀이기구다. 스톡홀름은 유럽 최초로 조각품을 활용한 놀이터를 도입한 도시로 시내 곳곳에 이러한 놀이 시설이 제법 있는데, 과일 공원은 그 결정체라고 할 수 있다. 널따란 호수를 끼고 있어서 오리 떼에게 먹이를 주거나 잔디에서 뛰어놀 수 있는 것도 장점이다.

　도심 한복판에서 접근하기 쉬운 이색 놀이터 중 하나로는 쇠데르말름Södermalm 지구에 있는 브뤼가르테판Bryggartäppan 놀이터를 꼽을 수 있다. 이곳은 19세기 후반에서 20세기 초반의 이 일대 모습을 재현한 놀이터다. 아이들이 직접 올라타 볼 수 있는 조랑말 모형과 작은 마차, 미로, 미끄럼틀, 마구간, 대장간, 빵집, 오두막집 등이 빙 둘러 있어서 역할극이나 숨바꼭질을 할 수 있다. 스톡홀름을 여행하다 보면 이처럼 스웨덴의 과거 농촌 풍경을 앙증맞은 크기로 구현한 놀이터들이 자주 눈에 띈다. 앞서 소개한 몬텔리우스바겐 전망대 놀이터나 감라스탄 안의 유노테판 Junotäppan 놀이터도 마찬가지고, 그 외에도 여러 곳에 비슷한 콘셉트의 놀이터들이 있다.

　스톡홀름의 놀이터를 이야기하면서 빼놓을 수 없는 또 다른 한 곳은 올빼미 공원Uggleparken이다. 이곳도 덴마크의 놀이터 디자인 스튜디오 몬스트룸이 만든 놀이터로 높이 5.5미터의 왕과 여왕 모양의 올빼미 미끄럼틀이 각각 반대편을 바라보고 선 모습이 독특하다. 올빼미 미끄럼틀 옆에는 높이 2미터가 넘는 거대 버섯들이 미끄럼틀이나 회전 그네, 나무집 등 저마다 재미난 역할을 맡고서 아이들을 맞이한다. 이뿐만이 아니다. 놀이터 안쪽으로는 아이들이 기어오르거나 들락날락할 수 있는 대왕 개미와 딱정벌레도 버티고 섰다.

아이와 올빼미 놀이터에서 놀고 있을 때 근처 초등학교 운동장에서는 체육 수업이 한창이었다. 수업을 마친 아이들이 모두 교실로 돌아갈 무렵 남자 선생님이 몸을 돌려서 우리 쪽으로 걸어왔다. 우리에게 뭔가 말을 걸려는 건가 싶었지만 그는 우리 곁을 그대로 지나쳤다. 그리고 한동안 무릎을 구부렸다 폈다 하며 놀이터를 살피다가, 올빼미 미끄럼틀 안에 몰래 숨어 있는 한 아이를 찾아냈다. 어라? 놀이터에는 우리밖에 없다고 생각했는데 대체 언제 여기로 숨어든 거지? 어이구, 저 말썽꾸러기. 넌 이제 혼났다.

권위적인 분위기에서 학창 시절을 보낸 나는 아무래도 사상이 비뚤어진 것 같다. 내 예상과 다르게 선생님은 아이를 꾸짖지 않았고 발각당한 아이도 전혀 당황한 기색이 없었다. 둘은 나지막이 몇 마디 대화를 나누고는 함께 학교로 돌아갔다. 알고 보면 체육 시간마다 반복되는 일인지도 모른다. 하긴 이런 놀이터를 코앞에 두고 교실로 곧장 돌아가는 것도 쉬운 일이 아니다. 어차피 혼나지도 않는다면 더더욱.

내가 여기에 소개한 스톡홀름의 놀이터는 극히 일부에 불과하다. 지금도 스톡홀름의 놀이터는 끊임없이 진화 중이다. 한 발짝 쉬어가며 조금 더 천천히 들여다본 스톡홀름은 아이들이 점령한 도시였다. 아무렴 이곳은 아스트리드 린드그렌Astrid Lindgren의 도시 아닌가.

아스트리드 린드그렌에게

스톡홀름 바사스탄^{Vasastan} 지구에 있는 바사 공원^{Vasaparken}은 세계적인 동화작가 아스트리드 린드그렌이 자녀들과 즐겨 찾던 곳이다. 그녀는 바사 공원이 내려다보이는 아파트에 살며 어린 딸 카린에게 들려주고자 『내 이름은 삐삐 롱스타킹』을 만들어냈다.

아스트리드 린드그렌의 전기인 『우리가 이토록 작고 외롭지 않다면』을 쓴 옌스 안데르센^{Jens Andersen}에 의하면, 바사 공원은 린드그렌에게 있어서 심리학 실험실과도 같은 곳이었다고 한다. 그녀는 자녀들을 데리고 바사 공원을 산책하며 또래 엄마와 대화를 나누고 아이들의 행동과 성격, 부모와의 상호작용을 관찰했다. 그리고 부모가 아이들을 혼내거나 때리는 것을 목격하고는 놀라움과 슬픔, 분노를 느꼈다고도 한다. 초인적인 힘을 지니고 어른들의 권위주의에 통쾌하게 대항하는 아홉 살 말괄량이 소녀 삐삐라는 캐릭터는 이러한 과정에서 탄생했다.

린드그렌이 아이들에게 깊은 관심을 갖게 된 계기는 힘들었던 그녀의 과거에서 기인했다. 청교도적인 양육 방식을 가진 부모 밑에서 엄하게 자란 그녀는 십 대 시절 유부남의 꾐에 넘어가 미혼모가 되었다. 린드그렌은 주변의 손가락질을 받으며 아이와 떨어져 지내는 고통을 받았고, 아이를 다시 데려와서 키우기 위해 온갖 잡일에 뛰어들었다. 그리고 힘겨운 삶 속에서도 농장에서 함께 뛰논 형제들과의 추억, 자녀에 대한 사랑을 버팀목 삼아 스웨덴을 대표하는 아동문학가로 자리매김했다. 그녀는 생을 마감할 때까지 아동 폭력을 반대하고 아동 인권에 대한 목소리를 높였는데, 그 덕분에 1979년 스웨덴은 세계 최초로 아동 체벌 금지를 법제화했다.

어릴 때 엄마는 별것 아닌 일에도 내게 매를 들었다. 당신의 부모가 당신에게 그랬듯이 엄마는 내게 아무런 문제의식 없이 체벌을 대물림했다. 그 시절엔 내 상황이 그리 유별난 것도 아니어서 주변에 그런 일이 비일비재했다. 팬티만 입고 쫓겨난 채 대문 앞에서 엉엉 울고 있던 아이와 눈이 마주쳤던 때, 나는 그 애가 수치심을 느낄까 봐 재빨리 고개를 돌리며 생각했다. '어휴, 쟤보단 내가 낫네. 우리 엄만 적어도 날 속옷 차림으로 쫓아내진 않아.'라고. 어차피 그 애든 나든 상처받은 것은 매한가지인데도, 나는 애써 그 애와 나를 비교하며 불행한 기분을 지웠다.

부모밖에 의지할 곳이 없는 작고 힘없는 아이에게 부모는 신과 같이 절대적인 존재다. 그런 아이가 부모에게 냉정하게 내쳐진 순간 느끼는 비참한 감정의 크기는 대문 앞에 쫓겨나든 아니든 똑같다. 나는 삼십 년이 넘은 지금까지도 겁에 질려 눈물이 그렁그렁했던 그 애의 커다란 눈동자를 잊을 수 없다.

아스트리드 린드그렌은 '어른들이 아이들을 대하듯 아이들이 어른들을 대하면 어떤 일이 벌어질까?'를 생각하며 항상 아이들의 관점에서 자신을 바라보려고 노력했다. 나와 남편도 될 수 있는 한 아이 입장에서 생각하고 이해하려고 애쓴다. 그래서 아이의 말이나 행동이 잘못되어 훈육이 필요하다는 생각이 들 때도 그 자리에서 무작정 언성을 높이고 비난하지 않는다. 그 대신 가까이 다가가서 아이에게 내가 느낀 감정을 차분하게 전달하고, 왜 그런 말이나 행동을 하게 되었는지 물어본다. 특히 그 상황이 위험하거나 타인에게 피해를 입힌 경우가 아니라 부모와의 커뮤니케이션 도중 생겨난 일이라면 더욱 충분한 시간을 들여서 인내심을 갖고 대화를 시도한다. 처음엔 입술을 비죽거리고 울먹이면서 아무 말도 하지 않겠다고 버티던 아이도, 자신의 이야기에 귀 기울여주겠다는 부모의 진심이 통하면 천천히 자신의 감정을 말로 표현하기 시작한다. 그런 과정을 거쳐서 아이 입에서 나온 말 중에 납득이 안 가는 말은 거의 없다. 오히려 내 의사

표현 방식이 잘못된 줄도 모르고 아이만 나무랐다는 걸 알게 되어 도리어 미안해지는 경우가 대부분이다. 또 혹여 아이의 말이 납득이 안 가더라도, 나는 아직 두뇌가 미성숙한 어린아이는 논리보다 감정이 앞선다는 점을 잊지 않으려고 한다. 그래서 우리 부부는 아이와 서로의 감정에 관해 이야기를 나누고 나면, "그래, 많이 서운했구나." 하며 아이의 마음이 풀릴 때까지 한참을 쓰다듬고 안아준다. 백 마디 말보다 더 필요한 건 다정한 스킨십이라고 생각하기 때문이다. 오랜 세월이 흐른 뒤, 아이가 나만큼 크고 내가 어린아이처럼 되어버릴 어느 날에 아이가 나를 그처럼 꼭 안아준다면 얼마나 좋겠는가.

통계적으로 어린 시절 가정 폭력을 경험한 성인 중 3분의 1은 자녀에게 학대를 대물림하지 않는다고 한다. 자신의 슬프고 괴로웠던 과거를 교훈 삼아 내 자식은 사랑으로 감싸주고자 하는 마음을 우리 부부는 누구보다 공감한다. 하지만 막상 아이를 키워 보니 '내 아이는 나처럼 마음 다치지 않게 잘 키울 거야.'라고 다짐만 한다고 다 되는 건 아니었다. 아이에게 물리적 폭력은 가하지 않았지만 일상에서 무의식적으로 행하는 감정 폭력은 스스로 깨닫고 자제하는 것이 어려웠다. 그래서 우리 부부는 늘 서로를 지켜보며 조언을 아끼지 않는다. 부모로부터 받아온 건강하지 않은 양육 방식의 대를 끊고 내 아이는 건강한 양육 방식을

SWEDEN

후세에 대물림할 수 있도록 하기 위해서 우리 부부는 많은 시간과 노력을 들였고, 지금도 여전히 공부하며 알아가는 중이다.

드넓은 바사 공원에는 수많은 아이가 웃으며 뛰놀고 있었다. 새파란 잔디와 언덕에는 누구든 탈 수 있는 자전거와 킥보드가 널려 있었고, 한쪽 구석엔 이 모든 시설을 마다하고 오로지 점프와 나무타기에만 열중한 소년들도 있었다. 아이들 숫자만큼 많은 부모가 나와 있었지만 아이와 실랑이를 벌이는 사람은 한 명도 없었다. 나는 바사 공원의 푸르른 오후를 만끽하며 아이들의 위대함과 소중함을 널리 알려준 아스트리드 린드그렌에게 마음속 깊이 고마움을 전했다.

커피와 시나몬롤 그리고 EDM

2020년 가을, 한국에 주재하는 덴마크와 스웨덴 그리고 핀란드 대사 셋이 모여 북유럽 국가의 행복에 관해 이야기를 나누었다. 국민총행복전환포럼에서 주최한 이 토론회에서 스웨덴 대사는 행복의 비결 중 하나로 피카Fikka를 꼽았다.

피카는 스웨덴 사람들이 오전과 오후에 30분 정도 짧게 갖는 커피 타임을 가리키는 말이다. 스웨덴 사람들에게 피카는 단순한 휴식의 의미를 넘어서는 상당히 각별한 의식이자 뿌리로, 업무 시간에도 피카가 법적으로 보장돼 있다. 그들의 커피잔 속에는 할머니 할아버지와의 추억, 친구와의 우정, 중요한 미팅, 반짝이는 아이디어들이 넘치도록 찰랑거린다.

피카를 즐길 때는 달콤한 시나몬롤도 빠질 수 없다. 스웨덴식 시나몬롤을 만들 땐 밀가루 반죽을 얇게 편 다음 계핏가루와 버터를 섞은 스프레드를 듬뿍 바르고 반으로 덮어 길게 잘라 돌돌 말아낸 다음 고온에도 녹지 않는 우박 설탕을 솔솔 뿌려 오븐에 구워내는데, 이때 특유의 향이 매력적인 카다멈 Cardamom 을 넣는 것이 특징이다. 스웨덴에서는 모든 카페와 마트, 편의점에서 시나몬롤을 팔고 있으므로 어디서든 눈길이 갔다. 우리나라에서 먹던 것보다 달지 않고 담백한 데다, 레시피에 따라 식감과 맛, 크기가 달라서 아무리 먹어도 질리지 않았다.

커피와 시나몬롤 그리고 깨끗한 화장실이 있는 스웨덴 카페는 아이와의 여행에서 믿고 들르는 휴식처 겸 대피소였다. 단골들이 모이는 동네 카페나 세련된 도서관 카페도 좋았고, 에스프레소 하우스 Espresso House 나 요한 앤 뉘스트룀 Johan & Nyström 같은 스웨덴 토종 커피 프랜차이즈도 좋았다. 구수한 커피 향과 더불어 건강한 에너지를 내뿜으며 피카를 즐기는 사람들로 가득한 스웨덴 카페에 앉아 있으면 덩달아 기분이 좋아진다. 전설적인 팝그룹 아바와 음악 스트리밍 시장을 선도하는 기업인 스포티파이 Spotify 를 보유한 음악산업 강국인 만큼 매장에서 선곡한 음악 수준도 높다.

피카로 말할 것 같으면 우리 가족도 나름의 역사를 가지고 있다. 식사를 마치고 나면 으레 나와 조기사는 커피나 차, 아이는 루이보스 차나 주스를 들고 거실 테이블에 모여 앉는다. 나는 핸드드립 커피 제조 6년 차(중간에 일 년간 커피를 끊은 것을 제외하면)

SWEDEN

로 커피 머신은 따로 두지 않는다. 매번 원두를 갈고 커피를 내려야 하는 수고가 들지만, 필터에 뜨거운 물을 부으면 동그랗게 부풀어 오르는 거품과 구수한 향이 좋아서 굳이 핸드드립을 고집한다. 커피를 내릴 때마다 코를 킁킁대며 향을 맡겠다고 달려오는 어른 곰과 아기 곰의 모습도 계속 보고 싶다.

피카를 즐기기 좋은 날씨는 춥거나 비 오는 날이다. 세상이 얼어붙을 정도로 추운 한겨울, 거실 깊숙이 스민 햇볕을 쬐거나 어두운 밤 노란 조명 아래 차를 마시는 행위는 매우 중독성이 강해서 우리 부부는 아무리 바쁘고 지쳐도 이 시간은 꼭 가지려고 한다. 같이 대화를 하든 음악을 듣든 책을 읽든, 각자가 좋아하는 일이라면 뭘 해도 좋은 시간이다. 다만 이때 미디어 시청은 하지 않는다.

여행을 다녀온 뒤 우리 가족의 티 타임에 생긴 변화라면 거실 BGM에 둠칫거리는 북유럽 일렉트로닉 음악이 추가된 점이다. 요즘 우리 집 거실에서는 스웨덴의 EDM 뮤지션 스웨디시 하우스 마피아Swedish House Mafia와 노르웨이 뮤지션 앨런 워커Alan Walker의 음악이 흐른다. 국경 없는 음악 덕분에 우리는 집에서도 계속 여행 중이다.

이 여행의 기쁨은 다 네가 준 거야

핀란드로 떠날 날이 하루 앞으로 다가왔다. 이렇게 큰 이동을 앞둔 날이면 나는 비용이 좀 더 들더라도 역 앞이나 공항 근처의 호텔을 예약한다. 열차나 비행기 탑승 시각에 쫓기거나 짐을 옮기는 어려움을 줄이기 위해서다. 이날도 우리 가족은 일찌감치 예약해둔 스톡홀름 중앙역 바로 앞의 대형 호텔에 도착했다.

"엥? 또야?"

호텔 카운터에서 체크인을 마치고 돌아서는 조기사에게 내가 되물었다. 새로운 호텔 스태프는 이번에도 우리 가족에게 얼리 체크인과 룸 업그레이드를 무료로 제공했다. 처음에는 운이 좋았다고 생각했는데, 우리는 북유럽을 여행하는 동안 요구하지 않았음에도 불구하고 이런 서비스를 자주 받았다. 비수기인 탓도 있었지만 아마도 가장 큰 이유는 어린아이를 데리고 있었기 때문이었을 것이다.

아이와의 여행에는 많은 제약이 따른다. 혼자 혹은 성인끼리 다니면 거뜬히 헤쳐나갈 일도 아이와 함께면 몇 배의 곤경으로 뒤바뀔 수 있다. 예를 들어 배고픔, 피로감, 배변 욕구 등 성인이라면 적당히 참고 견딜 수 있는 일들이 아이에게는 생존의 위협으로 느껴질 만큼 큰 사건일 수 있다. 낯선 여행지에서 내 한 몸 건사하기도 빠듯한데, 작고 여린 아이의 보호자 역할까지 감당하는 것은 솔직히 어려운 일이다. 이 같은 불편함을 감수하고 아이를 머나먼 여행지까지 데려온 것은 결국 어떻게서든 여행을 하고 싶다는 내 욕심 탓이었다.

그렇다면 아이의 진심은 어땠을까. 아이는 그저 부모가 가자고 해서 따라온 것이었다. 만약 윤서에게 앞으로 두 달간 재미난 체험 학습을 몇 개나 빠져야 하고(그 때문에 졸업 사진에 넣을 사진도 없고) 친한 친구들 대신 말도 통하지 않는 북유럽 아이들 틈에 섞여서 놀아야 한다는 진실을 제대로 전하고 선택권을 주었다면, 윤서는 당연히 이곳에 오지 않고 유치원을 다니는 편을 택했을 것이다. 나는 뻔히 알면서도 아이에게 그에 대해 말하지 않았다.

북유럽 여행 중 나와 조기사가 받은 현지인의 따뜻한 배려는 여행지에서 아이를 데리고 다니는 수고스러움을 훌쩍 뛰어넘었다. 어느 책에선가 성인 둘이서 여행을 다니면 서로서로 돕는 관계로 인식되어서 현지인의 친절을 받기가 어렵다는 이야기를 읽은 적이 있다. 아이와의 여행에서는 친구나 직장 동료들과 해외여행을 하며 받았던 일반적인 친절을 넘어선 더욱더 깊고 친밀한 감정의 교류가 이루어졌다. 우리 부부는 아무런 제스처를 취하지 않았는데도 현지인들의 눈에 도와주고 싶은 선한 여행자들로 비쳤다. 아이를 존중하고 배려하는 북유럽을 여행했기 때문에 더욱 가능했던 일이라고 생각한다. 우리는 그 어떤 값비싼 패스보다도 만능인 프리 패스를 들고 다니는 것 같았다.

룸에 들어서서 짐을 풀었다. 북유럽의 호텔은 룸과 룸 사이에 중간문이 설치된 곳이 많다. 우리가 업그레이드 받은 룸도 그런 곳이어서 열쇠로 중간문을 열자 두 개의 룸이 하나가 되었다. 이렇게 되면 침실도 화장실도 뭐든 다 두 개가 되어 스위트 룸이 따로 없다. 더욱이 이번 호텔은 창가 쪽 자리에 단을 높여 다락처럼 꾸며 놓은 휴식 공간이 마련돼 있어서 아이가 매우 좋아했다. 우리는 근처 슈퍼마켓에서 먹을 것을 사 온 다음 조촐한 파티를 열기로 했다. 오늘 저녁만큼은 평소에 소량으로 제한하던 아이를 위한 간식거리도 잔뜩 샀다. 창가 자리에 올라앉은 윤서가 흥분한 목소리로 외쳤다.

"엄마! 나 여기서 주스랑 과자랑 젤리랑 실컷 먹는 거야? 완전 신나! 오늘은 나의 최고의 날이야! 너무 행복해!"

좋아하는 간식을 놓고 엄마 아빠와 노닥거리는 윤서의 얼굴에 함박웃음이 퍼졌다. 아이에겐 여기가 어딘가는 중요하지 않았다. 따뜻한 방 안에서 부모와 함께 달콤한 간식을 먹는 것 말고 아이가 더 바라는 건 없었다.

매번 마트 삼매경에 빠져 있는 엄마 아빠를 불평 없이 기다려주고, 국적 불명의 요리들도 기꺼이 먹어준 아이였다. 잠자리가 수시로 바뀌고 온종일 걸어도 아픈 곳 없이 잘 따라와 줬다. 비행기, 기차, 지하철, 트램, 버스, 페리 등등 갖은 대중교통수단을 갈아탈 때마다 행여나 엄마 아빠 손을 놓칠까 봐 윤서는 우리보다 더 긴장의 끈을 놓지 못했다. 오덴세의 호텔에서 머물렀을 때, 나와 조기사는 곤히 잠든 윤서를 두고 둘이서만 조식을 먹으러 내려간 적이 있었다. 원래는 한두 접시 정도만 빨리 먹고 돌아갈 참이었는데 생각보다 시간이 길어졌다. 룸으로 돌아오니 윤서가 베개에 얼굴을 파묻은 채 엉엉 울고 있었다. "엄마 아빠가 없어져서 다시는 안 올 거 같았어." 눈물 콧물로 범벅이 된 채 서럽게 훌쩍이는 아이를 보며 너무나 미안했다.

스톡홀름의 다락방 같은 그곳에서 나는 윤서를 꼭 안았다. 아이의 체취를 맡고 있자니 긴 겨울의 끝자락, 바람결에 스쳐오는 매화 향기처럼 정신이 아득해졌다. 아이의 온기와 말랑함은 부드럽게 부풀어 오른 빵 반죽보다 내 맘을 두근거리게 한다.

아이는 언제나 나를 돌아보게 만들고 전보다 더 나은 사람으로 성장하게 해준다. 나는 단지 아이를 낳았을 뿐인데 세상 누구보다 나를 맹목적으로 따르는 광팬 한 명을 갖게 되었다. 내 자신이 한없이 보잘것없이 느껴지는 날에도 아이는 나를 태양보다 찬란한 존재로 바라봐준다. 내가 받기에는 너무나 과분한 대우다. 나는 평생 갚아도 다 갚지 못할 빚을 아이에게 졌다. 이 길다면 긴 여행길에서, 때로 위축되고 예측할 수 없는 상황 속에서도 엄마 아빠를 믿고 따라와 주는 아이의 존재로 우리 부부는 더욱 힘을 내며 다닐 수 있었다. 이 여행에서 우리가 얻은 기쁨은 모두 아이가 준 것이었다.

그런 아이에게 나는 무엇으로 보답하면 좋을까. 나는 아이에게 넘치도록 많은 재산을 물려줄 수 없을 것이다. 끗발 센 연줄을 이용한 '부모 찬스'도 주지 못할 것이다. 그러나 세상 무엇보다 소중한 이 한 가지만은 주겠다고 분명히 약속할 수 있다. 그건 바로 어떠한 상황에서도 결코 무너지지 않을, 너에 대한 무한한 사랑이다.

핀 란 드
FINLAND

당신은 다리 위에 누워서 빠르게 흘러가는 물을
내려다볼 수도 있다. 아니면 뛰어다니거나,
빨간 장화를 신고 늪을 가로지를 수도 있다.
아니면 지붕 위로 떨어지는 빗소리를 들으며
뒹굴거려도 된다.
즐거운 시간을 보내기란 매우 쉬운 일이다.

– 토베 얀손 Tove Jansson,『무민 골짜기의 11월』중에서

행복한 찰리의 나라

　십여 년 전 체코 프라하로 신혼여행을 떠나는 길에 헬싱키 반타Helsinki-Vantaa 공항을 거쳤다. 공항에 두 시간 동안 머물며, 나는 통유리창 너머로 선명하게 펼쳐진 침엽수림을 넋 놓고 바라봤다. 원래 내 버킷 리스트는 체코가 아니라 핀란드였다. 지금이라면 두 번 고민하지 않고 핀란드행을 선택했겠지만, 그 시절의 나는 어떤 일을 결정할 때 경제적 상황이나 주변 사람들의 반응을 핑계로 내가 정말로 원하는 것이 무엇인지 잘 살피지 못했다. 체코에서 돌아온 내가 가장 소중히 여긴 기념품은 핀란드 공항에서 산 무민 마그넷이었다. 나는 무민 가족의 집과 무민 마마를 냉장고에 붙여두고 언젠가는 핀란드로 갈 수 있기를 바랐다. 휘바휘바~ 꿈과 행복이 가득한 산타클로스와 무민의 나라로~

　……라고 바라왔던 긴 세월이 무색하게도, 헬싱키의 첫인

상은 스톡홀름에 도착한 첫날보다도 실망스러웠다. 거리에는 네모나고 칙칙한 건물들만 멋없이 늘어섰고 사람들은 무뚝뚝했으며 벌써부터 겨울이 성큼 다가온 듯 추운 날씨에 하늘마저 잿빛이었다. 기내에서 열 시간 가까이 반복된 핀란드 홍보 영상 속 눈부신 미소를 띤 엘프와 순록이 도심 한가운데 있을 리 없다는 것 정도는 나도 알고 있었다. 그럼에도 나는 이상과 현실의 간극이 빚은 혼란으로 잠시 정신을 가다듬어야 했다. 유수의 전문기관이 내세운 통계 자료에서는 핀란드가 세상에서 제일 행복한 나라라고 수치로 증명하고 있었다. 음, 그래, 이렇게 우중충한 나라가 그렇단 말이지…….

돌이켜보면 그때 나는 한 가지 중요한 사실을 놓쳤다. 만약 핀란드가 일 년 내내 따뜻하고 거리에 달콤한 유혹이 흘러넘치는 나라라면 사람들을 피해 눈 덮인 전나무 숲에 조용히 숨어 사는 무민도, 일 년에 한 번 한밤중에 몰래 찾아와 아이들의 머리맡에 선물을 놓고 가는 산타클로스 같은 판타지도 애초에 만들어지지 않았으리라는 점을 말이다. 헬싱키의 특색 없는 건물과 거리 풍경은 최대한 주목받지 않고 '자발적 고독'을 즐기며 살고자 하는 핀란드 사람의 성향과도 연관성이 있다. 헬싱키에서는 제일 높은 건물이라고 해봐야 고작 134미터에 불과하다.

마천루를 짓는 데 별 관심이 없는 핀란드 사람들은 상대를 밟고 계층 이동의 사다리에 오르는 삶 또한 이상향으로 여기지 않는다. 핀란드 사회도 덴마크처럼 누구든 직업이나 학력, 지위 고하에 관계없이 안정된 삶을 누리고 사회적으로 인정받을 수 있다는 평등 의식이 밑바탕에 깔려 있기 때문이다.

모두가 똑같이 열심히 공부한다고 해서 모두 다 상위 10퍼센트에 들 수 없다는 걸 알면서도 우리나라의 아이들은 끝없이 경쟁에 내몰리고 비교되며 줄 세워진다. 그 결과 승자는 패자를 무시하고 패자는 스스로 자책한다. 그리고 때로는 서로의 역할을 바꿔가며 그 악순환을 끝없이 되풀이한다. 이는 최근 많은 학자가 경고하고 있는 능력주의 사회의 어두운 면모다.

능력주의를 옹호하는 일부 사람들은 평등과 협력을 우선하는 핀란드에서는 개인의 재능을 발휘하기 어렵고, 세계적인 일류대학도 초기업도 탄생할 수 없다고 비난한다. 하지만 정작 우리나라나 미국처럼 능력주의 사상이 팽배한 나라에서도 개인의 노력으로 사회적 상승을 이룰 수 있다고 믿는 사람은 이제 거의 없지 않은가.

2012년 영국의 노동당 당수 에드 밀리밴드 Ed Miliband 는 사회 이동에 관한 회의에서 이런 말을 했다. "아메리칸 드림을 원한다면 핀란드로 가십시오." 불우한 가정환경에서 자라나 2019년 34세의 나이로 핀란드 최연소 총리가 된 산나 마린 Sanna Marin 이 이를 증명한다.

한때 백화점 캐셔로 일하기도 했던 산나 마린은 자신이 총리에 당선된 것을 두고 "일개 여점원이 총리가 됐다."고 비웃은 에스토니아의 칠십 대 내무장관에게 이렇게 말했다. "나는 핀란드인이라는 게 자랑스럽다. 핀란드에서는 가난한 집안의 아이도 교육을 통해 인생의 목적을 이룰 수 있다. 가게의 현금 수납원도 총리가 될 수 있다. 핀란드는 육체노동자가 꼭 필요하다. 나는 모든 종업원, 상인, 기업가가 하는 일을 존중한다."

행복이 금방이라도 손에 잡힐 듯 눈앞에서 빛나는 무지갯빛 보석 같은 것이라면, 값비싼 대형 선물상자 같은 빌딩들이 줄지어 늘어선 서울이야말로 최고로 행복한 도시 중 하나여야 할 것이다. 안타깝게도 유엔 자문기구에서 공개한 '2022 세계행복보고서'에서 우리나라는 146개국 중 59위에 불과했고 핀란드는 5년 연속 1위를 차지했다.

나는 하루빨리 금광을 찾아내려는 성미 급한 보물 사냥꾼의 심보를 버리고 핀란드를 천천히 알아가기로 했다. <찰리와 초콜릿 공장>에서 달콤한 사탕과 과자로 아이들을 유혹한 초콜릿 공장은 윌리 윙카의 고독과 불행을 감추기 위한 허상이었다. 정작 가장 따스한 사랑이 넘치는 공간은 지붕이 뻥 뚫린 낡고 초라한 찰리의 집이었다. 나는 핀란드란 나라가 진정 찰리의 집인지 궁금해졌다.

헬싱키의 오래된 아파트

    헬싱키의 숙소는 19세기에 지어진 낡은 아파트였다. 올리브 색 페인트가 칠해진 이 커다란 아파트에 체크인하는 과정은 마치 90년대 첩보 영화의 한 장면 같았다.

    첫째, 숙소 담당자의 지령이 담긴 이메일을 확인한다. 둘째, 건물 1층의 무인 관리실에 들어가서 번호가 붙은 작은 사물함 중 우리 것을 찾는다. 셋째, 키패드에 이메일에서 확인한 암호를 입력한다. 넷째, 사물함 안에 든 봉투를 열어 방 열쇠를 찾는다. 여기까지 하면 일단 반은 성공. 이제부터는 세 가지 관문을 통과할 차례다. 먼저 중세 시대 성문처럼 나무 빗장이 걸쳐진 두껍고 웅장한 아치형 대문을 연다. 여러 개의 아파트에 둘러싸인 중정이 나오면 다시 우리가 머물 아파트로 들어가는 현관문을 찾아 열고, 그 안에 설치된 중문을 또 한 번 열면 비로소 건물 안에 들어설 수 있다.

FINLAND

건물 안은 속이 훤히 들여다보이는 구식 엘리베이터를 가운데 두고 나선형 계단과 네 채의 집이 둥글게 둘러싼 형태였다. 이럴 때 영화 속 주인공은 나무로 된 현관문을 발로 뻥 차서 부수고 들어가곤 하지 아마. 방안은 이미 누군가가 다녀간 흔적으로 엉망이 된 상황. 집안 어딘가 아직도 괴한이 숨어 있을지 모르니 한 발 한 발 조심스레 방으로 들어서는데 벽면에는 연쇄살인 사건의 피해자들 사진이…… 아니라 분리수거 방법과 체크아웃 방법이 착실하게 쓰여 있었다. 음식물 쓰레기는 빨간색 통, 플라스틱은 초록색 통, 종이는 연두색 통, 우유갑은 뚱뚱한 파란색 통, 금속과 유리 재질은…… 블라블라.

헬싱키의 아파트는 지금까지 지내온 숙소들보다 낡고 크기도 작았지만 유럽 도시의 전형적인 아파트 분위기가 물씬 풍겼다. 이런 아파트에는 현지인들이 실제 거주하고 있으므로 아이와 함께 현지 생활에 자연스럽게 적응하는 데 도움이 된다. 대신 그만큼 이웃을 배려하는 것이 중요하다. 우리나라에서도 그렇지만 인구 밀집도가 높은 주거지에 머물수록 더욱 조용하고 깨끗하게 지내다 가야 한다. 분리수거도 잘 지키고 물건은 제자리에, 설거지는 반질반질하게. 아이가 다 보고 배우니까요.

핀란드에서 밥해 먹기

핀란드 음식은 주로 스웨덴이나 러시아에서 전해진 레시피를 따른 것이 많아서 딱히 대표 음식이라고 할 만한 게 없다. 게다가 향신료나 소스를 적게 쓰고 재료 본연의 맛을 살리는 요리법을 고수하는 편이라 타 유럽 국가 음식보다 상대적으로 야박한 평가를 받는다.

여행 전부터 핀란드 음식에 대한 혹평을 익히 들어서 썩 기대하지 않았는데, 핀란드의 마트 사정은 생각보다 훌륭했다. 생선이나 고기, 야채 등 싱싱한 식재료가 덴마크와 스웨덴 못지 않게 풍부한데다 물가도 스웨덴보다 저렴하다. 마트에서 장을 보고 밥을 해 먹기 좋아하는 우리 부부에게는 또 다른 신세계였다. 오후 4시만 돼도 주위가 어두컴컴해진다는 점이 오히려 고맙게 여겨졌달까, 우리는 더 돌아다닐 욕심을 부리지 않고 일찌감치 마트로 발길을 옮겼다.

여행지에서 매번 요리하는 일이 번거롭다고 생각할까 봐 말해두지만 나와 조기사가 차린 밥상은 누구나 쉽게 따라 할 수 있다. 건강식을 만들 땐 조리 과정을 최소화해 배달 음식만큼 손이 덜 가게 차려야 매일 꾸준하게 먹을 수 있다는 걸 아프고 나서 터득했기 때문이다. 북유럽 마트에서는 담백하고 영양가 높은 반조리 식품을 많이 판매해서 상차림이 더 간편했는데, 핀란드 마트에서 파는 허브 양념으로 재운 고기나 훈제 생선, 오븐구이 치킨 같은 반조리 식품은 프라이팬에 굽거나 전자레인지에 데워 먹기만 해도 맛있었다. 여기에 휴대용 밥솥(1인용이라지만 3인까지는 거뜬히 먹을 수 있는 양이다)에 갓 지은 쌀밥과 샐러드를 곁들이면 그야말로 진수성찬. 쌀이 떨어졌을 땐 핀란드식 호밀빵인 루이스레이파Ruisleipä로 쌀밥을 대체했다. 타이어처럼 가운데 구멍이 뻥 뚫린 큼지막한 이 식사빵은 가격도 저렴하고 소화도 잘 된다.

카리얄란피라카Karjalanpiirakka라는 핀란드 전통 쌀빵은 어린아이의 입맛에도 잘 맞는 식사빵이다. 얇게 편 호밀 반죽 위에 우유로 끓인 쌀죽을 올려서 오븐에 구워낸 페이스트리로 고소하고 부드럽다. 그냥 먹어도 맛있고 찐 달걀과 버터를 비벼서 만든 달걀 버터를 발라 먹어도 맛있다. 마트나 조식 뷔페 등 핀란드 어디서나 맛볼 수 있고 가격도 루이스레이파처럼 저렴하다. 언젠가 핀란드 놀이터에서 엄마가 아이에게 이 쌀빵을 간식으로 주는 걸 본 뒤로 우리도 항상 가방에 이 빵을 챙겨 다녔다.

오트밀에 물이나 귀리음료를 붓고 끓인 뒤 그 위에 블루베리 시럽을 올리면 핀란드식 죽인 포리지가 뚝딱 완성되고, 치즈와 갖가지 야채를 넣고 발사믹 소스를 뿌리면 레스토랑에서 먹던 샐러드 못지않은 맛이 난다. 가장 신경 써서 만든 요리라고 해봤자 크리스마스 분위기를 좀 내볼까 해서 만든 핀란드식 크리스마스 샐러드 정도였는데, 비트, 감자, 당근을 네모나게 잘라서 삶은 다음 양파와 사과, 오이 피클을 섞고, 식초, 소금, 설탕, 생크림으로 만든 소스로 버무려내면 끝이었다. 재료가 조금 더 들어갈 뿐 특별한 실력이 필요한 요리는 아니다.

이 밖에도 핀란드를 비롯한 북유럽 마트에는 비건 코너도 잘 갖춰져 있어서 고기 대신 병아리콩으로 만든 크로켓인 팔라펠Falafel이나 비건 햄도 곧잘 사 먹었다. 마트에서 파는 배추김치나 백김치도 의외로 맛있어서 입맛을 북돋아 준다. 조리 시설이 없는 호텔에 머물 때는 핀란드의 대형 마트 체인인 K 슈퍼마켓의 샐러드 코너를 즐겨 이용했다. 북해에서 잡아올린 신선하고 두툼한 연어와 새우가 든 초밥도 일본에서 먹던 것보다 맛있었다.

과거 자크 시라크Jacques Chirac 전 프랑스 대통령은 "영국 음식은 세계에서 제일 음식이 맛없는 핀란드 다음으로 형편없다."는 발언을 해서 영국 음식을 깎아내리려다가 되려 핀란드인들을 분노케 한 적이 있다. 핀란드 방문 당시 순록과 생선 요리 등으

로 거하게 대접을 받았음에도 불구하고 내뱉은 망언이었다. 내가 프랑스 대통령처럼 고급스러운 입맛은 아닐지 몰라도 핀란드 음식은 내 입맛에 잘 맞았다. 어떤 음식을 먹느냐에 따라 자신의 모습이 결정된다는 말이 있듯이, 핀란드 사람들이 순하고 까탈스럽지 않은 이유는 자연에서 온 맛 그대로를 즐기는 식성 때문도 있지 않을까. 그리고 무엇보다 새콤달콤한 핀란드산 산딸기와 블루베리로 만든 그 수많은 디저트들…… 사실 그것들만으로도 핀란드 음식은 다 용서가 된다.

만약 핀란드 남서부의 도시 탐페레Tampere에 가게 된다면 무스타마카라Mustamakkara라는 향토 음식을 잊지 말고 먹어보자. 찰순대와 맛도 생김새도 똑같은 이 음식은 돼지 피로 만든 소시지로 핀란드 사람들은 링곤베리 잼을 곁들여 먹는다. 링곤베리는 지방 세포 생성을 억제해주는 슈퍼 푸드여서 핀란드나 스웨덴 사람들은 기름진 음식에 일상적으로 곁들여 먹는다. 순대에 잼을 발라 먹는다니 듣기만 해도 경악할 노릇이지만 막상 먹어보면 '단짠단짠' 정말 맛있다.

걸어도 걸어도

헬싱키는 걷기 좋은 도시다. 서울의 3분의 1 정도밖에 되지 않는 크기에 시내 중심부를 남북으로 잇는 직선거리가 고작 3킬로미터에 불과하다. 덕분에 스톡홀름에서 걷지 못한 아쉬움을 헬싱키에서 모두 덜어낼 수 있었다.

우리는 점점 이 도시가 주는 편안함에 물들었다. 눈을 피로하게 하는 화려한 옥외 광고는 찾아보기 어렵고 쇼윈도는 수수했다. 도심 구석구석을 매끄럽게 훑고 지나가는 크림색과 녹색이 섞인 트램도 마음을 차분하게 해주었다. 거리에는 덴마크에서처럼 다이어트 욕구를 자극하는 늘씬한 미남미녀들이 뛰어다니는 대신 도톰하게 옷을 껴입은 살집 좋은 사람들이 걸어 다녔다. 가을비에 젖은 나뭇잎 냄새도 좋았다.

헬싱키를 걷는 또 다른 즐거움 중 하나는 거리에서 다양한 빈티지 상점을 구경하는 일이었다. 재사용 문화가 발달한 핀란드에는 빈티지 마니아가 많아서 쇼핑몰과 백화점이 한데 모인 중앙역만 벗어나면 거리가 금세 실내 벼룩시장과 골동품 가게로 채워진다. 카페와 빵집, 갤러리, 동네 서점, 중고 음반매장 등 아기자기한 상점도 은근히 많다. 대체로 쇼윈도가 어두운 편이고 지하에 있는 매장도 많아서 천천히 걸으며 살펴봐야 제대로 둘러볼 수 있다. 다른 북유럽 국가들과 마찬가지로 헬싱키도 시내 곳곳에 공공놀이터가 많기 때문에 걷다가 놀이터가 나오면 아이는 신이 나서 놀고, 나와 조기사는 벤치에 걸터앉아 쉬어갔다.

숙소에서 나와 아무 생각 없이 아래로 내려가다 보면 우리가 좋아했던 카이보 공원Kaivopuisto에 다다랐다. 잔디와 야트막한 바위들로 이루어진 이 아름다운 공원의 언덕에 오르면 탁 트인 발트해와 수오멘린나Suomenlinna 섬이 바라다보이고, 공원 안에는 꽤 괜찮은 놀이터와 헬싱키의 명물 카페인 우슬라Ursula가 있다. 카페 우슬라는 가만히 앉아서 바닷가 경치를 즐기기 좋은 곳으로 도넛이나 젤라토 등 아이들이 좋아할 만한 디저트도 많다.

카이보 공원에는 기다란 미끄럼틀이 설치된 바위 언덕이 하나 있다. 놀이터라고 따로 표시돼 있지 않아서 걷다가 우연히 발견한 곳인데, 어른이 봐도 재미있어 보이는 이 미끄럼틀을 마주했을 때 윤서는 거짓말 좀 보태서 기절할 정도로 기뻐했다. "엄마, 한 번만 더 탈게!"를 몇 번이고 반복했을 즈음, 후드득 비가

쏟아졌다. 평소처럼 부슬부슬 오다 말겠거니 했지만 빗줄기는
그칠 기미가 없고 오히려 더 거세졌다. 우리는 넓은 잔디 공원을
내달려 아름드리나무 밑으로 몸을 피했다. 갈색 버섯들이 아무
렇지 않게 자라난 나무 기둥에서는 비에 젖은 풀과 흙냄새가 풍
겨왔다.

비가 조금 잦아들자 우리 셋은 머리부터 발끝까지 홀딱 젖
은 채로 다시 발걸음을 옮겨 북쪽으로 거슬러 올라갔다. 트램을
탈까 말까 고민하며 걷는 동안 어느새 비가 그쳤다. 거 봐, 이까
짓 거. 좀 젖었어도 걸어가면 그만이지. 헬싱키에서는 아무리 걸
어도 질리지 않는다. 방수와 보온이 잘 되는 바람막이 점퍼가 있
다면야 더할 나위 없다.

핀란드 놀이터 사정

핀란드의 놀이터 디자인은 단조롭다. 과감하고 다채로운 디자인의 덴마크나 스웨덴의 놀이터와는 다르게 점·선·면으로만 이루어진 극강의 심플함을 자랑해서 언뜻 놀이터인지 모르고 지나치기 쉽다. 핀란드의 놀이터는 잘 눈에 띄지 않는 핀란드 가게들처럼, 있는 듯 없는 듯 맴돌다가 별안간 훅 들어오는 핀란드 사람처럼, 어릴 적 그림을 뚫어지게 보고 있으면 국자도 있고 물뿌리개도 있고 연필도 숨어 있는 숨은 그림 찾기처럼 생각지 못한 곳에서 툭툭 튀어나왔다.

아이와 헬싱키의 한 놀이터에서 한창 놀고 있는데 자원봉사자로 보이는 조끼 차림의 한 여성이 우리에게 다가와서 말을 건넸다. "날이 쌀쌀하네요. 저 건물 안에서 쉬어도 돼요. 혹시 먹을 것을 싸 왔다면 안에서 드시고요."

우리는 그녀가 권한대로 몸도 녹이고 구경도 할 겸 놀이터 옆에 설치된 건물 안으로 들어갔다. 한쪽엔 장난감과 소파가 놓인 놀이 공간이 있고, 책상과 의자, 칠판 등을 갖춘 교실도 있었다. 핀란드뿐 아니라 덴마크나 스웨덴에서도 보았던 놀이터 휴게실과 비슷한 구조였다. 다만 헬싱키의 놀이터에서는 조금 더 특별한 일이 일어난다.

헬싱키에는 학교 급식이 중단되는 여름방학 동안 16세 이하 어린이와 청소년에게 무료 점심을 제공하는 놀이터들이 30군데 넘게 있다. 메뉴는 주로 수프나 리소토, 과일, 팬케이크 등 야외에서 간단하고 빠르게 먹기 좋은 것들로 구성돼 있다. 영양가 없는 시판 간식 대신 건강하고 따뜻한 한 끼로 에너지를 충전할 수 있으니 아이들에게 아주 좋은 복지 정책이다. 그런데 이보다 놀라운 점은 이러한 공공 식사 서비스가 무려 1942년부터 시작되어 80년간이나 이어지고 있다는 것. 우리 부모뻘 되는 어르신들도 야외에서 공짜 점심을 먹어본 기억이 있다는 말이 된다. 그때는 전쟁 중이어서 모두가 배고프고 어려웠다지만, 먹거리가 부족하지 않은 지금까지도 한결같이 이어져 온 것이 대단하다. 어릴 때부터 공평하게 나눔을 받은 기억을 가지고 자란 아이들이 어른이 되어서도 이를 행하는 모습, 참 훈훈하다.

먹어보지도 못한 공짜 점심에 대한 찬사가 너무 길어진 것 같으므로 핀란드 놀이터에 대한 약간의 불평 거리를 살짝 추가해야겠다. 가을철 핀란드는 춥기도 춥지만 비가 자주 와서 놀이 기구가 젖어 있을 때가 많다. 헬싱키, 탐페레, 먼 북단의 로바니에미에 이르기까지 핀란드의 놀이터를 순례한 감상을 한마디로 요약해 보자면, 대체로 축축하고 차가웠다. 만약 초등학교 저학년 정도의 자녀와 함께하는 여행 중 헬싱키에서 비를 만난다면, 헬싱키 대성당 앞 시립박물관에 있는 어린이 마을Children's Town로 가보자. 핀란드의 옛 가정집과 교실, 장난감 등으로 둘러싸인 이곳은 아이와 즐겁게 시간을 보내기에 제법 괜찮은 무료 실내 놀이 시설이다.

시월의 첫눈 내리는 카페

10월의 헬싱키는 이미 겨울이었다. 기온이 영하로 떨어지진 않았지만 한낮에도 햇빛을 구경하기 어렵고 매일 얼음처럼 차가운 비가 내렸기에 체감 기온은 실제보다 낮았다. 바깥을 돌아다니기보다는 따끈한 커피 한 잔과 푹신한 소파가 절실해서 우리 가족은 덴마크나 스웨덴에서보다 곱절에 가깝게 카페를 찾았다. 어떤 날은 세 시간 동안 카페에 눌러앉아 창밖으로 지나가는 트램만 바라본 적도 있다. 그렇게 헬싱키의 카페를 전전하다 보면 어제 만났던 사람을 또 만나기도 했다. 도시가 작고 인구도 적으니 그다지 놀라운 일은 아니다.

헬싱키 북쪽 칼리오Kallio 지구에 있는 카페 굿 라이프Good Life를 방문한 날도 춥고 찌푸린 보통의 날 중 하나였다. 커피 실력이 좋기로 소문나서 찾아갔는데 카페 이름보다는 'KAVHI커피'가 훨씬 크게 쓰여 있어서 하마터면 그냥 지나칠 뻔했다. 핀란드에서는 식당도 'RAVINTOLA레스토랑'라고만 쓰여 있어서 무슨 음식을 파는 가게인지 두리번거리며 찾아야 할 때가 많다. 우리나라로 따지면 한적한 지방 도로변에 걸린 '차와 식사'라고 쓰인 간판 같은 것을 핀란드에서는 아무 데서고 볼 수 있다.

굿 라이프 카페는 유명세에 비해 아주 자그마한 곳이었다. 우리는 혼자 조용히 커피를 내리는 여성 바리스타를 지나쳐 몇 개 되지 않는 테이블 중 제일 안쪽 자리에 앉았다. 호밀빵에 아보카도를 올린 심플한 오픈 샌드위치와 카페라테, 쿠키, 주스를 주문한 그때 아기 띠를 맨 어느 일본인 부부가 카페로 들어왔다. 젊은 부부는 자리에 앉자마자 잽싸게 커피를 주문하고는 이런저런 준비물들을 분주히 꺼내 아기에게 이유식을 먹였다. 주변의 시선을 의식한 듯 되도록 침착하려 애쓰는 듯했지만 부부의 얼굴은 당황한 기색이 역력했다. 그들은 아마도 이곳이 스페셜티 커피가 뛰어난, 헬싱키에서 꽤 이름난 카페라는 것 따위에는 별로 관심이 없을 터였다. 우리도 윤서가 아기였을 때 함께 여행하면 꼭 저랬다. 배가 고프거나 졸려서, 혹은 둘 다인 상태로 아기가 길에서 울음을 터뜨리면 나와 조기사는 동공에 지진이 나서 어디든 급하게 분유 먹일 곳을 찾아 들어갔었다(아, 그런 때야말로 'KAVHI'라고만 적힌 간판은 큰 도움이 되지 싶다).

FINLAND

나와 조기사가 아기에게 온정신이 쏠린 일본인 부부를 흥미롭게 바라보는 사이, 빈 테이블이 하나둘씩 채워졌다. 이제 막 돌을 넘긴 듯한 아기를 안은 핀란드 여성과 친정엄마, 바리스타와 친해 보이는 젊은 여성, 책을 손에 든 할머니 등등…….

수염이 덥수룩한 중년 남성을 끝으로 마지막 하나 남은 테이블까지 다 찼을 즈음, 마치 관람객이 모두 입장할 때까지 기다렸다는 듯 창밖으로 눈이 내리기 시작했다. 올해 내리는 첫눈이었다. 모두의 시선이 일제히 창밖을 향했다. 카페 안은 아기들이 치근대는 소리조차 없이 고요한 가운데 찰칵찰칵 카메라 셔터가 터지는 소리만 간간이 들려왔다.

헬싱키의 카페에서 만난 첫눈은 잔뜩 심술을 부린 핀란드의 가을이 미안하다며 건넨 선물이었다. 첫눈치고는 제법 굵었던 하얀 눈송이들은 햇볕을 그리워하며 우울했던 마음을 포근하게 덮어주었다.

아, 그리고 핀란드의 가을이 주는 한 가지 선물이 또 있다. 오늘의 날씨가 얼마나 형편없었든 해가 저물면 어김없이 셀 수 없이 많은 별이 반짝이는 맑은 밤하늘이 찾아온다는 것. 그러면 아무리 춥고 힘들어도 가던 길을 멈추고 하늘을 올려다보며 미소지을 수밖에 없었다. 역시 나쁜 날씨만 계속되는 세상은 없다.

헬싱키에서 책과 만나는 방법

　책을 좋아하고 엮는 사람으로서 멋지게 꾸며진 북유럽의 도서관과 서점은 어느 한 군데도 그냥 지나칠 수 없는 장소였다. 비록 글자를 읽을 수는 없었지만 나무의 나라들이 만들어낸 책에 둘러싸인 것만으로도 마냥 좋았다. 북유럽은 도서관뿐 아니라 서점에도 아이들이 그림 그리기나 색칠 놀이를 할 수 있는 코너를 따로 마련해둔 곳이 많아서 윤서와 함께 둘러보기에 좋았다.

　헬싱키에서 책과 관련된 장소로 손꼽히는 두 곳은 단연 오디Oodi 도서관과 아카테미넨Akateeminen 서점이다. 헬싱키의 새로운 랜드마크가 되고자 2018년 야심 차게 개관한 오디 도서관과 핀란드를 대표하는 건축가 알바 알토Alvar Aalto가 디자인한 130년 역사의 아카테미넨 서점은 모두 빼어난 건축미로 유명하다. 두 곳 모두 외관이든 내부 인테리어든 자꾸만 바라보고 싶게 만드는 멋진 건축물임은 의심할 여지가 없다.

그렇지만 이 때문에 아쉬운 점도 있다. 책을 사거나 읽으러 오는 게 아니라 건물 구경을 목적으로 몰려온 단체 관광객이 많아서 고요히 책의 바다에 빠져들기가 어렵다는 점이다. 또 누구든지 게임기나 악기를 자유롭게 이용할 수 있었던 덴마크나 스웨덴의 도서관과는 다르게, 오디 도서관은 이런 시설들을 방음 처리된 방에 분리해 사전예약자만 이용할 수 있게 만들어 도서관을 제한적으로 둘러볼 수밖에 없었다.

나는 이 숨 막히게 아름다운 두 곳보다는 헬싱키의 프랜차이즈 서점 수오말라이넨Suomalaine에서 보내는 시간을 더 좋아했다. 수오말라이넨은 우리나라의 대형 서점과 비슷한 분위기로 책 외에도 팬시 용품이나 미술 도구가 많아서 구경하는 재미가 있다. 고급스러운 재질로 만들어진 신간 서적들이 손끝에 닿는 감촉도 좋았다. 우리나라에서는 값비싼 제작비 탓에 엄두를 내기 어려운 화려한 장정의 양장본이 북유럽 서점에는 널렸다. 저렴한 문고본을 제외하면 책값이 우리나라보다 비싼 편이었지만 정가의 70~80퍼센트까지 파격 할인을 하는 책도 상당히 많다.

수오말라이넨 서점의 빼놓을 수 없는 또 하나의 매력은 품질 좋은 포장지와 리본이 준비된 무료 셀프 포장 코너가 있다는 점이다. 카운터에서 계산을 마친 책이나 문구류를 포장 코너에서 둘둘 말아주면 별것 아닌 잡화들도 아주 그럴싸한 선물로 변신한다. 나는 이곳에 들를 때마다 윤서를 위해 반짝이 사인펜이나 조그만 노트를 사서 예쁘게 포장해주었다. 그러면 윤서는 내 옆에 딱 붙어서 마치 깜짝 크리스마스 선물이라도 받은 듯이 기뻐했다. 나는 아이의 그 순박한 웃음이 보고 싶어서 자꾸만 포장을 했다 끌렀다.

부끄럼쟁이 핀란드 사람들

영국 작가 마이클 부스Michael Booth의 북유럽 여행기 『거의 완벽에 가까운 사람들』에는 '사전에서 '과묵한'이라는 단어를 찾으면 핀란드인이 한구석에 어색하게 서서 자기 신발 끈을 쳐다보는 사진이 실려야 마땅하다'고 쓰여 있다. 그 문장을 읽고 나는 무릎을 탁 쳤다.

사전에 새롭게 등재되어야 할 바로 그 장면은 로바니에미 Rovaniemi로 가는 야간열차에서 목격했다. 화장실에 가고 싶다는 윤서를 데리고 통로로 나오는데, 마침 한 핀란드 남자가 우리와 동시에 자신의 객실 문을 열고 나왔다. 그는 나와 눈을 마주치자 몹시 당황한 표정으로 멈칫했다. 그러고는 뿔테 안경을 만지작거리며 통로 끝으로 황급히 걸어가서는 자신의 신발 끈만 쳐다보고 서 있는 것이 아닌가. 사방이 고요한 밤, 기다란 기차 통로를 스치는 공기를 따라 '난 여기서 기다릴 테니 먼저 다녀오세요'라는 그의 텔레파시가 전해졌다. 그는 나와 윤서가 화장실을 나와 객실 문을 열고 들어갈 때까지도 그 자리에서 꼼짝 않고 서 있었다.

여행 중 만난 많은 핀란드 사람들은 심한 부끄럼쟁이들이었다. 그들은 가능하면 눈빛으로 말하고 필요 이상의 말은 주고받지 않았다. 그렇다고 타인에게 관심이 없는가 하면 그건 그렇지 않은 듯하다. 어디선가 뜨거운 시선이 느껴져서 고개를 돌려 보면 그곳엔 언제나 우리 가족을 먼발치서 흘끔흘끔 쳐다보는 핀란드 사람들이 있었다.

하지만 이처럼 말을 아끼고 낯선 사람에게 선뜻 다가가지 못하는 그들도 술의 힘을 빌리면 제법 용감해지는 모양이다. 헬싱키의 어느 카페에서 있었던 일이다. 맞은편에 앉아서 낮부터 혼자 위스키를 마시고 있던 한 아주머니가 별안간 우리에게 말을 건넸다.

"당신들 딸 정말 얌전하게 잘 있네요! 쭉 지켜봤는데 참 귀여워요! 난 아들만 둘이거든요. 근데 그 녀석들이 지금 십 대라…… 하하하! 당신들도 알죠? 하여간 십 대들이란! 와하핫!"

귀에 큼지막한 헤드폰을 낀 아주머니는 조용한 카페가 쩌렁쩌렁 울리는 줄도 모르고 시원스레 웃어 재꼈다. 혼자서 헬싱키 한 달 살기를 하고 온 친구도 핀란드인이 과묵하다는 말에 손사래를 친다. 나이트클럽에서 만난 핀란드 사람들은 오히려 말이 너무 많아서 탈이라나. (그나저나 혼자서 나이트클럽을 가다니 부럽구나, 친구야.)

술 말고도 그들을 호기롭게 만들어주는 것이 하나 더 있다. 바로 사우나 안. 조기사는 호텔 사우나에 들어갔을 때 핀란드 아저씨 세 명이 함께 커다란 목소리로 합창을 하고 있더라는 자신의 경험담을 들려주었다. 그 아저씨들이 일제히 노래를 멈추고 자신의 특정 부위를 지그시 훑어보았다는 이야기도…….

핀란드 사람들은 이제껏 만난 북유럽 사람 중 말수는 가장 적었지만, 의외로 빈틈이 많고 친근한 느낌이 드는 사람들이기도 했다. 돌이켜보면 윤서와 처음으로 마음을 나눈 친구도, 영어 한마디 못하면서도 우리와 어떻게든 대화해보려고 손짓, 발짓으로 노력했던 오울루Oulu에서 온 할아버지도 다 핀란드 사람들이었다. 핀란드 사람은 이런저런 조건을 따지지 않고 나와 진정한 친구가 되어줄 것 같은 사람, 밤새 맥주잔을 기울이며 함께 망가져도 좋을 사람, 조용히 모닥불 앞에 둘러앉아 '불멍'하고 싶은 사람들이다.

흔히 핀란드 사람들의 정신에는 '시수Sisu'가 있다고들 한다. 시수는 그 어떤 암울한 상황에서도 굴하지 않는 근성 같은 것으로, 700년이 넘는 긴 세월 스웨덴과 러시아의 지배를 받다가 마침내 독립을 이룬 핀란드 사람들의 정신에 아로새겨진 끈기다. 아마 그들의 정신에 시수가 있기에 한 해의 절반이 겨울인 척박한 땅에서 묵묵히 견뎌오며 오늘날 세계에서 가장 행복한 나라를 이루어냈는지 모른다.

핀란드 대표 동화인 무민 이야기에 등장하는 무민 가족은 매년 전나무 잎을 잔뜩 먹고 겨울잠을 자면서 봄을 기다린다. 어느 날 갑자기 잠에서 깨버린 무민은 혼자서 혹독한 겨울을 견뎌내야 했는데, 마침내 봄이 찾아오자 무민은 문을 열고 바깥으로 나가서 이렇게 소리쳤다.

"이제 나는 다 가졌어. 한 해를 온전히 가졌다고. 겨울까지 몽땅 다. 나는 한 해를 모두 겪어 낸 첫 번째 무민이야!"

잠깐, 그리고 보니 어디선가 많이 들어본 이야기 같다. 곰이 동굴에서 마늘과 쑥만 먹고 100일간 기다렸다가 사람이 되는 이야기……. 아무래도 내가 핀란드 사람에게서 친근감과 동질감을 느낀 것은 좀 더 근원적인 이유에서 비롯된 게 아닐까 한다. 우리도 끈기 하면 둘째가라면 서러울 민족 아니겠는가. 그러면 우리나라도 세계에서 가장 행복한 나라가 될 수 있지 않을까?

유명해지는 건 세상에서 제일 끔찍한 일이야

　나는 무민을 좋아한다. 10월엔 딱 이틀만 문을 여는 무민 월드Moomin World에 가려고 전체 여행 일정을 바꿀 정도로 무민의 오랜 팬이다. 그렇다고 무민 캐릭터를 좋아해서 굿즈를 사 모으거나 하는 건 아니고 토베 얀손Tove Jansson이 쓴 무민 이야기를 좋아해서 책을 꽤 여러 권 갖고 있다. 아침마다 숲속 해먹에 드러누워 커피를 마시고, 팬케이크를 굽고, 꽃에 물을 주고, 한가로이 자서전을 쓰는 무민들의 삶을 나는 사랑한다.

　핀란드 남서쪽의 항구도시 난탈리Naantali에 있는 무민 월드는 무민을 주제로 한 테마파크 섬이다. 섬 전체를 테마파크로 꾸몄다니 뭔가 대단한 놀 거리가 있을 거라 기대할지도 모르겠으나 무민 월드는 레고랜드나 디즈니랜드 같은 곳이 아니다. 여기엔 어트랙션은커녕 조그만 미끄럼틀과 짤막한 미로 놀이 말고는

266　　　　　　　　　　　　　　　　　　　　　　FINLAND

변변한 놀이 시설도 없다. 그러니 아이에게 즐거운 추억을 선물하겠다고 섣불리 선택할 곳은 아니다. 가슴에 손을 얹고 무민을 진정으로 좋아한다면 한 번쯤 가볼 만하다.

무민 월드는 찾아가는 방법도 번거롭다. 난탈리로 가려면 헬싱키에서 투르쿠Turku로 두 시간 정도 기차를 타고 이동한 다음 투르쿠에서 시내버스를 타고 40분이나 들어가야 하는데, 무민 월드가 있는 작은 섬까지는 난탈리 정거장에 내려서 20분 정도 걸은 뒤 300미터 길이의 나무다리를 건너야 도착할 수 있다. 당일치기로는 상당히 난이도가 높은 여정이므로 투르쿠나 난탈리 시내의 숙소에서 하룻밤 묵어가는 게 좋다. 그리고 되도록이면 해변에서 수영도 하고 나무들에 둘러싸인 섬의 분위기도 즐길 겸 여름철에 가는 것이 좋을 것 같다. 여름에는 무민 월드로 가는 전용 버스도 운영한다.

우리가 방문했던 10월의 무민 월드는 찬바람에 낙엽만 쓸쓸히 굴러다녔다. 인형 탈을 뒤집어쓴 무민파파와 무민마마가 돌아다니며 아이들을 반겨주었지만 축 처진 분위기를 띄우기에는 역부족이었다. 식당과 기념품 상점들은 비수기 북유럽의 놀이공원들이 대부분 그렇듯이 몇 곳만 문을 열고 나머지는 다 닫았다. 야외 공연장에서 열리는 무민 아동극은 우리나라의 수준 높은 아동극들과 비교하면 학예회 분위기였다.

그나마 무민 월드에서 가장 높이 살 만한 부분은 섬 구석구석에 동화 속 무민 밸리를 깨알같이 잘 재현해두었다는 점이다. 무민파파가 만든 부두가 있는 바닷가에는 무민들이 타는 거룻배와 용처럼 생긴 상상 속의 동물 부블 에드워드가 떠 있고, 숲속으로는 꼬물꼬물 움직이는 하얀 해티패트너들이 사는 동굴과 계곡, 마녀의 오두막 등이 이어진다. 그리고 그 가운데는 무민 월드의 하이라이트인 무민 가족의 집이 있다. 지하 1층에서 지상 4층에 이르는 무민 가족의 집 안에는 무민 엄마의 주방, 무민의 방과 침대, 무민 아빠의 서재와 벽난로까지 책에 등장하는 모습 그대로 꾸며져 있다.

"유명해지는 건 세상에서 제일 끔찍한 일이야."

무민 월드의 홈페이지에는 스너프킨의 아버지인 족스터가 남긴 말이 언젠가 대문짝만하게 걸려 있었다. 이리도 대놓고 본심을 드러내다니. 무민 월드는 사람들을 불러모으기 위한 테마파크가 아니라 사람들을 피해 섬으로 도망친 테마파크 같다. 그렇게 먼 길을 내달려 무민들과 하이파이브까지 하고 돌아왔으면서도 무민 월드를 기억해내지 못하는 윤서를 봐도 알 수 있다. "너 무민 월드 다녀온 거 진짜 기억 안 나? 여기잖아, 여기." 하며 사진을 보여주자 윤서가 무표정한 얼굴로 대꾸했다. "아…… 거기."

그렇지만 무민의 오랜 팬으로서 무민 월드를 변호하자면 이렇다. 원래 무민들은 화려하고 고급스러운 걸 좋아하지 않는다. 영화 <리비에라에 간 무민 가족>에서 무민 가족은 프랑스의 휴양지 리비에라Riviera의 특급 호텔에 머물며 VIP 대접을 받음에도 불구하고 여행 내내 불편해한다. 집으로 돌아온 무민 아빠는 해먹에 드러누워 중얼거렸다.

"내가 늘 말하지. 평화롭게 감자 심고 꿈꾸며 살자."

무민들이 자신들의 조용한 섬을 시끌벅적한 유원지로 만들겠다고 한다면 얼마나 슬퍼하겠는가. 눈물을 뚝뚝 흘리며 배에 올라타 자신들의 삶의 터전을 떠나는 무민 가족과 친구들의 모습이 벌써 머릿속에 그려진다. 나도 이 호젓하고 수수한 섬이 향락의 장소로 변하는 걸 바라진 않기에 볼거리가 없어도 원망은 하지 않기로 했다. (그래도 양심은 있어서 입장료는 저렴하다.)

무민 월드는 무민들의 단순한 삶의 방식을 현대인도 그대로 느껴보라고 권하는 곳이다. 무민은 우리에게 행복해지기 위해 애써 무언가를 하려 하지 않아도 된다고, 어디론가 멀리 떠나지 않아도 괜찮다고, 그보다는 느긋하게 풀밭에 누워 하늘에 떠가는 구름을 잠시 바라볼 수 있는 마음의 여유를 가져보라고 이야기한다. 토베 얀손이 말했듯이 즐거운 시간을 보내기란 그렇게 쉬운 일이다.

Naantali

아이끼리 통하는 말

북유럽에서 지낸 지 얼마쯤 지났을까, 윤서가 말했다.

"엄마, 우리 여기 이사 온 건데 왜 유치원 안 가? 또 새로운 친구 사귀어야지."

여행 내내 혼자서도 잘 놀던 아이였는데 어느덧 슬슬 친구 생각이 나는가 보았다. 스칸디나비아 아이들과는 놀이터에서 잠시 노는 걸로 쉽게 친해지지 않았다. 다들 긴 다리로 어찌나 활발하게 돌아다니는지 상대적으로 짧은 다리에 움직임이 느린 윤서와 비교하면 마블 영화의 초인 집단인 이터널스로 보였다. 말이 통하지 않는 것은 차치하더라도, 북유럽의 스펙터클한 야외 놀이터는 처음 만난 아이들끼리 차분하게 교감하기가 쉽지 않은 환경이었다.

무민 월드를 떠나 헬싱키로 돌아오는 기차 놀이방에서 윤서는 드디어 친구를 사귀었다. 핀란드의 거의 모든 기차에는 미끄럼틀, 장난감, 그림책 등이 있는 놀이방이 마련돼 있다. 신발까지 벗고 편하게 놀 수 있도록 해두었기 때문에 아이와 부모 모두에게 무척 고마운 시설이다. 기차 놀이방에서 처음 만난 볼이 통통하고 발그레한 핀란드 남자아이와 윤서는 뭐가 그렇게 즐거운지 요란하게 웃어대며 놀았다. 투르쿠에서 헬싱키로 가는 두 시간 반 동안 둘은 세상에서 둘도 없는 친한 친구가 되었다. 그 사이 몇몇 아이들이 다녀가고 윤서 또래의 중국인 여자아이도 수줍게 주변을 맴돌았지만 윤서와 핀란드 남자아이는 자기들끼리 노는 데만 집중했다. 마치 무인도에 둘만 남겨진 것처럼.

이윽고 열차가 종착지인 헬싱키 역에 정차했다. 둘은 곧 헤어질 운명인 줄도 모르고 싱글벙글한 얼굴로 손을 꼭 붙잡고 내렸다. "애야, 우리 이제 그만 가야해." 핀란드인 부모의 말에 남자아이는 뒤늦게 상황을 파악하고 울상을 지었다. 그러고는 윤서의 손을 자기 쪽으로 세게 잡아끌었다. 플랫폼엔 이미 어둠이 짙게 깔린 시각, 핀란드 부부와 우리 부부는 떨어지기 싫어하는 둘 사이를 억지로 떼어놓을 수밖에 없었다. 둘은 계속 되돌아보며 더 이상 서로가 보이지 않을 때까지 손을 흔들었다.

이 글을 쓰는 동안 그때 생각이 나서 윤서에게 물어봤다.

"너 말이야, 그때 핀란드 아이랑 서로 말도 통하지 않았는데, 어떻게 그렇게 오랫동안 웃으면서 논 거야?"

그러자 윤서가 나를 빤히 쳐다보면서 대꾸했다.

"뭐? 아니야, 엄마. 우리 서로 다 통했어. 응? 으응. 어? 아~하고, 고개도 끄덕이고 손가락도 움직이고. 다 알아들었는데 뭘."

아…… 그래, 그랬구나. 어른이 되고 나서 까맣게 잊었다. 영어보다 더 잘 통하는 전 세계 공용어, 아이끼리 통하는 언어가 있었지, 참.

무민들이 사는 도시

    도시의 랜드마크가 역사적인 건축물이나 아름다운 종탑이 아니라 공장 굴뚝인 곳이 있다. 헬싱키에서 북쪽으로 200킬로미터 정도 떨어진 탐페레Tampere 이야기다. 탐페레는 1820년 핀란드의 섬유제조기업인 핀레이슨Finlayson이 탄생한 도시다. 핀레이슨은 당시 이곳에 대규모 공장을 비롯해 공장 노동자들을 위한 사택과 학교, 병원, 경찰서까지 지어가며 탐페레를 공업 도시로 발전시켰다. 지금은 높아진 인건비 등을 이유로 공장 가동을 멈췄지만 여전히 탐페레 시내 어디서든 우뚝 솟은 공장 굴뚝을 볼 수 있다.

    탐페레에 대한 설명을 여기까지만 들으면 이 도시는 그리 여행하기 좋은 곳 같지 않다. 탐페레에 도착한 첫날에는 나도 그렇게 생각했다. 대로변은 트램 공사로 바닥을 다 드러내 삭막한 분위기를 더했다. 그러나 며칠간 여행하며 겪어본 탐페레는 우리 가족이 다닌 북유럽 여행지 중 다섯 손가락 안에 꼽힐 정도로 흥미로운 도시였다. 여기에 아이와 여행하기 좋은 다섯 가지 탐페레 여행법을 소개해보겠다.

첫째, 탐페레는 핀란드에서 두 번째로 큰 도시로 각종 편의 시설이 발달했고 면적은 헬싱키의 두 배에 달하지만 인구가 22만 명밖에 되지 않아서 백화점, 쇼핑몰, 박물관, 대성당 등 어느 곳에 가더라도 붐비지 않고 쾌적하게 이용할 수 있다. 탐페레 여행 마지막 날 우리는 밤 11시에 출발하는 야간열차를 탈 예정이었는데, 한적한 라티나Ratina 쇼핑몰을 전세 낸 듯 돌아다니며 쇼핑도 하고 식사도 했다. 쇼핑몰 안에는 무료 실내 놀이터도 있어서 우리는 쇼핑몰이 셔터를 내릴 때까지 이곳에서 시간을 보내며 열차를 기다렸다.

둘째, 탐페레에는 온종일 놀아도 시간이 모자랄 듯한 널따란 공공놀이터 피쿠 카코센Pikku Kakkosen을 비롯하여 아이와 가기 좋은 장소가 많다. 소소한 기념품이나 초콜릿, 사탕을 파는 오두막들과 놀이터가 어우러진 스테이블 야드Stable Yards, 탐페레의 경치를 감상할 수 있는 내시 공원Näsinpuisto과 공원 안에 꾸며진 귀여운 동화 놀이터Fairytale Park of Tiitiäinen는 물론, 핀란드에서 가장 큰 놀이공원인 사르카니에미Särkänniemi도 탐페레에 있다.

셋째, 카페나 레스토랑 등으로 개조된 옛 공장 단지도 알고 보면 독특한 볼거리다. 붉은 벽돌로 지어진 거대한 공장 건물들은 겉에서 보면 낡고 황량한 느낌이지만 안으로 들어가면 바깥과는 완전히 딴 세상이다. 영화관에는 고소한 팝콘 냄새가 솔솔 풍기고 아메리칸 스타일의 레스토랑은 소녀들의 수다로 생기가 넘쳤다. 거리에서는 도통 만나볼 수 없던 탐페레 사람들이 다 이곳에 모여 있었구나 싶었다. 만약 초등학생 이상의 자녀들과 함께라면 핀레이슨 공장 단지 바로 옆에 있는 바프리키Vaprriikki에 가도 좋을 듯하다. 바프리키는 동물, 광물, 탐페레의 역사, 핀란드 생활사 등 여러 주제들을 잡다하게 모아둔 복합 박물관 건물이다.

넷째, 탐멜란토리Tammelantori 마켓이나 카우파할리Kauppahalli 마켓 등 실내외에서 펼쳐지는 시장도 볼 만하다. 추위에 아랑곳하지 않고 벌꿀과 소금에 절인 버섯, 직접 채취한 베리로 담근 주스나 잼 등을 팔고 있는 야외 마켓 할머니들의 모습은 꼭 우리나라 재래시장을 닮았다. 크랜베리, 링곤베리 등 새빨간 베리들이 상자에 수북하게 담겨 있는 모습은 언뜻 고춧가루 좌판처럼 보이고 둥그런 철판에다 생선이나 야채를 구워내면서 우리에게 한 입 먹어보라고 권하는 핀란드 아주머니에게서는 푸근함이 느껴진다. 탐멜란토리 야외 마켓은 가까이에 놀이터가 있다는 점도 좋다.

다섯째, 핀란드는 '사우나의 나라'라고 불릴 정도로 사우나를 사랑하는 나라인데, 그중에서도 '사우나의 수도'는 탐페레라고 한다. 그래서 여름에는 해변 곳곳에 있는 공중 사우나도 인기라고 한다. 우리가 갔을 땐 추위 탓에 공중 사우나를 즐기는 사람이 아무도 없어서 차마 시도하지 못했지만, 다음엔 탐페레에 '땀 빼러' 올 날을 기대해본다.

그리고 마지막으로, 당신이 나처럼 무민을 좋아한다면 탐페레까지 와서 무민 박물관을 가보지 않을 수 없을 것이다. 무민 박물관은 무민 골짜기에 들어온 듯 아늑한 분위기 속에 작가 토베 얀손Tove Jansson의 삽화와 동화 속 장면들로 구성된 미니어처들을 아름답게 꾸며놓았다. 다만 무민 이야기를 소개하는 데만 집중하고 있어서 아이들이 즐길 수 있는 체험 공간이 부족하고 입장료가 비싸다는 점이 조금 아쉬웠다.

탐페레에서 무민을 보고 싶다면 박물관이 아니라 시내 여기저기에 미로처럼 뻗은 건물 안을 돌아다니면 된다. 그곳에 가면 다정하고 겁 많고 소심한 진짜 무민들이 조용히 살아 움직이는 모습을 언제든지 볼 수 있다. 정말이다. 핀란드 사람들이야말로 무민 그 자체다.

Tampere

산타클로스를 만나러 가는 야간열차

로버트 저메키스Robert Zemeckis가 연출한 애니메이션 영화 <폴라 익스프레스>에는 산타클로스에 대한 믿음을 잃어버린 한 소년이 주인공으로 등장한다. 크리스마스 전날 밤, 소년은 집 앞에 도착한 환상 열차를 타고 북극으로 떠나게 되고 그곳에서 드디어 산타클로스와 조우한다. 상상만으로도 마음이 말랑말랑해지는 이 이야기가 핀란드에서는 현실이 된다. 핀란드에는 진짜로 산타클로스 마을이 있기 때문이다.

산타클로스 마을은 핀란드 북부 라플란드Lapland의 주도, 로바니에미Rovaniemi에 있다. 로바니에미까지 가는 방법으로는 비행기나 렌터카 등 여러 가지가 있지만 우리는 영화 속 주인공 소년처럼 밤새도록 열차를 타고 가보기로 했다. 2인실뿐인 침대 객차에서 어린아이를 데리고 잘 수 있는 거의 마지막 기회이기도 했다. 첫 출발지인 헬싱키에서 탑승하면 열두 시간이 걸리지만, 우리는 중간 정차역인 탐페레에서 탈 거라 아홉 시간 정도면 로바니에미에 닿을 수 있었다.

탐페레 시내에 깊은 어둠이 내려앉은 밤 10시, 기차역에 들어서니 순록과 부엉이가 그려진 기다란 야간열차 산타 익스프레스 Santa Express 가 플랫폼에서 우리를 기다리고 있었다. 산타클로스 얼굴이 그려진 빨간색 로고가 시야에 들어오자 나는 어린아이처럼 가슴이 설렜다.

2인실 침대 객차는 듣던 대로 깔끔했다. 튼튼한 발판과 안전바가 설치된 이층 침대 위에는 잘 세탁된 침대보와 베갯잇이 씌워졌고 수건 한 장과 산타클로스 스티커가 붙은 생수병이 놓여 있었다. 콘센트, 옷걸이, 접이식 의자, 수납장을 겸한 작은 세면대, 미니멀한 조명과 알람까지 최소한의 공간에 최대한의 필요 시설을 갖췄다. 객차 문은 호텔 룸처럼 카드를 인식해야 열 수 있도록 보안도 철저했다. 북유럽 여행 중 좋았던 점 중 하나는 열차 시스템이 편리하고 쾌적했다는 것인데, 핀란드 열차 또한 공용화장실과 샤워실까지 나무랄 데 없이 깨끗했다.

조기사는 이층 침대의 위 칸을 쓰고, 나와 윤서는 아래 칸에서 함께 자기로 했다. 핀란드 열차는 만 10세까지 보호자와 한 침대에서 잘 경우 무료였지만, 막상 누워 보니 보통 체격의 일곱 살 여자아이인 윤서와 내가 간신히 몸을 뉠 수 있는 정도의 넓이였다. 아이의 몸집이 조금만 더 컸다면 앉아서 잘 뻔했다.

밤늦게까지 탐페레 시내를 열심히 돌아다닌 윤서는 침대에 눕자마자 깊은 잠에 빠졌다. 반면에 나는 대자로 뻗은 아이 옆에서 웅크린 채 잠을 이루지 못했다. 그날 밤 나는 왜 그토록 정신이 말똥말똥했던 걸까. 며칠 뒤 헬싱키로 돌아오는 야간열차 안에서는 바로 곯아떨어졌던 걸 보면 딱히 불편한 잠자리 탓 같지도 않았다. 아마 나는 라플란드로 간다는 사실에 몹시 흥분했던 것 같다.

자정이 넘어서야 잠들었던 나는 결국 새벽 4시쯤 다시 눈을 떴다. 도저히 더 잠이 올 것 같지 않아서 조그만 차창 앞에 놓인 접이식 의자를 펼쳐서 앉은 다음 블라인드를 말아 올렸다. 창밖으로 달빛에 물들어 희미하게 빛나는 검푸른색 호수가 스쳐 지나갔다. 혹시 이 기차는 철로가 아니라 물 위를 떠가는 것이 아닐까. 술 한 방울 마시지 않고도 취한 기분이었다. 이 열차는 진정 환상 열차였다. 이대로라면 산타클로스와 요정들이 사는 마을을 지나 신들이 사는 아스가르드Ásgarðr(Asgard)까지 닿을 수 있을 것 같았다.

눈사람의 집

야간열차는 아침 7시쯤 로바니에미에 도착했다. 아직 해 뜨기 전인 도시는 어두컴컴했고 기온도 영하로 떨어졌다. 비좁은 기차에서 밤을 보낸 우리는 신선한 공기도 쐴 겸 역에서 도보 20분 정도 걸리는 숙소로 천천히 걸어갔다.

로바니에미는 하얗고 키 낮은 현대식 건물들이 드문드문 들어서 있는 조용한 도시였다. 이곳은 제2차 세계대전이 끝날 무렵 러시아로부터 후퇴하던 독일군에 의해 몽땅 불태워졌다가 재건되었다. 재건 프로젝트는 핀란드의 국민 건축가 알바 알토가 맡았는데, 로바니에미를 위에서 내려다보면 뿔 달린 순록의 모습을 하고 있다고 한다. 나는 순록처럼 순하고 침착한 분위기를 띤 이 도시가 마음에 들었다.

로바니에미에서 우리가 머물 곳은 지은 지 얼마 안 된 아파트 호텔이었다. 예약할 때 이메일로 어린아이와 아침 일찍 도착할 거라고 말했더니 매니저가 이른 체크인을 할 수 있게 흔쾌히 배려해주었다.

아파트 입구에서 만난 숙소 매니저는 마치 살아 있는 눈사람 같았다. 작고 둥그런 몸, 하얀 얼굴과 까맣고 동그란 눈동자가 추운 북쪽 나라와 너무도 잘 어울린다. 마치 <겨울왕국>의 올라프처럼 남쪽 나라의 햇볕에 닿으면 금세 녹아내릴 것 같은 모습이랄까.

우리는 눈사람의 안내를 받아 위층으로 올라갔다. 우리 방은 커다란 거실 한가운데 크리스털 샹들리에가 반짝이는 아늑한 곳이었다. 현관에 선 눈사람이 핀란드인 특유의 머뭇거림을 보이며 조심스레 입을 열었다. "신발은 벗고 들어가도 되고, 신고 들어가도 돼요." 그러더니 우리가 신발을 벗고 들어가자 안도의 한숨을 짧게 내뱉고는 자신도 신발을 벗고 뒤따라 들어온다. 북유럽은 대부분 우리나라처럼 집에서 신발을 벗고 지내는데, 우리가 외국인 여행자라 눈치를 본 것 같다.

방에는 북극의 추위를 막아줄 난방 시설과 이중창, 넓은 주방과 세탁기, 작은 사우나까지 딸려 있었다. 저렴한 숙박비에 비해 실로 황송한 대접이다. 우리는 빨랫감을 대충 세탁기에 넣고 돌린 다음 아침도 먹지 않고 이불 속을 비집고 들어갔다. 창밖으로 로바니에미의 푸르스름한 아침이 밝아오고 있었다.

Rovaniemi

일곱 살로 돌아가는 소원

모든 준비는 끝났다. 헬싱키에서 로바니에미까지 이르는 기나긴 여정의 마지막 단계인 산타클로스를 만나는 일만 빼면. 우리 셋은 로바니에미 시내에서 버스를 타고 산타클로스 마을로 출발했다. 윤서는 어여쁜 신데렐라이고 이 버스는 호박 마차이며, 나는 요정 대모, 조기사는 마부로 변한 말이었다. 하늘은 예의 그렇듯이 먹구름으로 가득하고 차창 밖으로는 앙상한 나뭇가지를 드러낸 숲과 휑한 시골 도로만 이어졌지만 그런 것쯤 상관없었다. '괜찮아, 아무렴 어때. 이 왠지 모를 스산한 기분은 그저 날씨 탓이겠지.'

왜 슬픈 예감은 틀린 적이 없나. 10월의 산타클로스 마을은 괜찮지 않았다. 이 정도면 거의 폐업 상태가 아닐까 싶을 정도로 대부분의 상점과 레스토랑이 문을 닫았다. 여름과 겨울 성수기에는 요정 옷을 입은 직원들이 히스테리에 가까운 열정을 보인다는데 가을의 요정들은 심하게 무기력해 보였다. 남자친구와의 주말 데이트 약속을 깨고 마지못해 출근한 모습들이랄까. 요정들은 우리에게 미소는커녕 눈도 마주쳐주지 않았다. 아! 히스테리에 가깝게 한껏 들뜬 사람들이 한 무리 있긴 했다. 북극권을 표시한 선을 밟고서 브이를 연발하며 기념사진을 찍고, 산타클로스 마을 소인이 찍힌 크리스마스 엽서를 한 장 한 장 정성 들여 쓰며 연신 하하 호호하는 일본인 관광객들……

전 세계에서 관광객이 몰려드는 크리스마스 시즌이 되면 산타클로스 할아버지도 야외에 설치된 무대로 나와 함께 이야기하고 이벤트도 펼치는 모양인데, 우리는 '30분에 한 번만 면회 가능'이라 쓰인 팻말 앞에서 뻘쭘하게 기다리며 서 있다가 산타클로스를 만나러 갔다.

길고 어두운 동굴처럼 꾸며진 통로를 지나자 산타클로스의 방이 나왔다. 산타클로스는 새빨간 옷에 거대한 몸집, 하얗고 구불구불한 긴 수염, 코끝에 안경을 걸친 채 살짝 턱을 내리고 올려다보는 모습까지 영화나 사진 속에서 보던 모습 그대로 의자에 앉아 있었다. 그는 한국에서 온 우리를 크게 반기며 커다란 두 팔로 꼭 안아주었다. 그러자 나는 가슴이 벅차오르면서 이곳에 도착해서 느꼈던 실망감까지 눈 녹듯이 사라졌다. 그가 산타클로스여서라기보다는 그의 눈빛과 포옹이 너무나 다정했기 때문이다.

나의 양가 할아버지는 두 분 다 내가 태어나기도 전에 돌아가셨기 때문에 내게는 할아버지에 대한 따뜻한 기억이 하나도 없다. 너털웃음을 지으며 아이들을 힘껏 안아주고, 온갖 고민과 바람이 담긴 편지에 친절하게 답장해주고, 해마다 아이들이 원하는 선물을 안겨주고 돌아가는 산타클로스는 어쩌면 우리가 꿈꾸는 가장 이상적인 할아버지의 모습이 아닐까.

해 질 무렵 산타클로스 마을을 나와서 시내로 돌아가는 버스에 올라탔다. 어둑해진 도로와 숲을 지나는 동안 영화 <빅>이 생각났다. 내게 산타클로스 마을은 열세 살 조시가 사는 동네 공터에 하룻밤 꿈처럼 나타났다 사라지는 카니발 같았다. 조시는 카니발 입구에 놓인 엉성하고 조악한 소원 기계에 어른이 되고 싶다는 소원을 빌고 나서 진짜로 어른이 되었다.

산타클로스 마을 입구에도 소원 기계가 있다면 윤서처럼 일곱 살로 돌아가게 해달라고 빌고 싶다. 한국으로 돌아온 뒤 갖고 싶은 장난감이 생길 때마다 내게 핀란드어로 적어달라고 한 다음 종이에 붙여놓고 "산타 할아버지, 올해 크리스마스에는 이걸로 선물해주세요."라며 두 손 모아 기도하는 아이의 순수한 마음을 나도 다시 한번 느껴보고 싶다. 나의 일곱 살 크리스마스 아침엔 살짝 열린 창틈으로 선물이 끼워져 있었다. 엄마는 내게 말했다. "어머, 산타 할아버지가 놓고 갔구나! 실은 며칠 전에 시장 다녀오는 길에 집 앞 골목에서 산타 할아버지를 만났거든. 네가 어디에 사는지 물어봐서 알려줬었는데!" 나는 산타 할아버지가 대낮에 우리 동네를 돌아다녔다는 것과 내 취향의 분홍색 필통을 선물해줬다는 데 엄청나게 흥분했었다.

내 크리스마스의 꿈이 깨진 건 열 살 때였다. 크리스마스 전날 밤, 나는 여느 때처럼 기대에 찬 말투로 엄마에게 올해는 산타클로스에게 어떤 선물을 받을까 물었다. 그러자 엄마에게 청천벽력 같은 대답이 돌아왔다. "얘야, 이제 그런 건 없어." 울먹거리는 나를 바라보며 엄마는 초등학교 3학년이나 됐으면 이제 그만할 때도 되지 않았니, 하는 표정을 지었다. 한없이 다정하다가도 느닷없이 매섭고 차갑게 돌변하는 엄마의 일관성 없는 육아 때문에 나는 늘 롤러코스터를 타는 심정이었다. 나는 시위하듯 서랍장을 뒤져 아빠의 기다란 회색 양말을 꺼내고는 머리맡에 걸어두고 잠자리에 누웠다. '산타클로스 따위 없다는 거, 이제 나도 알아. 그래도 이런 식으로 끝나는 건 너무하잖아!' 나는 베갯잇에 눈물 콧물을 적시며 흐느꼈다.

다음 날 아침, 혹시나 하는 마음에 들여다본 양말 속에는 천원짜리 지폐 세 장이 들어 있었다.

일곱 살로 돌아가고 싶다는 내 바람은, 어쩌면 산타클로스를 다시 만나고 싶어서가 아니라 딸을 위해 기꺼이 산타클로스가 되어주었던 그 시절의 엄마와 재회하고 싶어서인지 모른다. 느닷없이 부서진 꿈에 어쩔 줄 몰라 하는 어린 내 손을 잡고 이렇게 차근차근 얘기해주고 싶어서인지 모른다.

얘야, 여길 봐. 세상에는 산타클로스를 믿는 사람들이
아직도 이렇게나 많단다. 실제로 존재하는지 아닌지는
중요하지 않아. 기대가 큰 만큼 실망이 클 수도 있겠지.
다만 그 아름답고 순수한 마음을 소중히 여기며 살아가는
사람들이 있다는 걸 기억해. 그러니 너도 계속 너의 꿈을
소중히 가꿔가렴. 어릴 적 꿈을 잃지 않고 살아가는 행복한
어른이 되렴.

－핀란드 로바니에미에서, 미래의 너로부터

이 버스는 북극으로 갑니다

오로라의 도시 사리셀카Saariselkä로 가려면 로바니에미에서도 북쪽으로 260킬로미터를 더 가야 했다. 아직 오로라가 나타나기에는 이른 시기였지만, 우리 가족은 하늘에 운을 맡겨보기로 하고 다음 여행지를 사리셀카로 정했다. 숙소는 사방이 통유리로 돼 있어서 누워서도 밤하늘을 바라볼 수 있는 오로라 캐빈을 성수기의 절반 가격으로 예약했다.

로바니에미 버스터미널에서 출발하는 사리셀카행 장거리 버스는 넓고 깨끗한데다 화장실도 딸려 있었다. 백발의 할아버지가 운전대를 잡고 이제 갓 스물은 넘겼을까 싶은 앳된 얼굴의 보조 운전사가 그 옆에 함께 탔다. 앞으로 네 시간을 가야했기에 나는 윤서가 멀미를 할까 봐 미리 넣어둔 비닐봉지가 잘 있는지 가방을 재차 확인했다. 부디 무사히 목적지에 도착하기를……

버스는 시내를 벗어나자마자 쭉 뻗은 직선 도로로 진입했다. 전나무, 소나무, 가문비나무 같은 침엽수림이 나타났다가 중간중간 하얗게 빛나는 자작나무숲이 펼쳐지고, 숲을 지나면 이내 차가운 거울 같은 호수가 나타나 시리도록 파란 하늘을 비췄다. 신호등도 마주 오는 차량도 없이, 오르막길도 내리막길도 굽이진 길도 없이 버스는 끝없이 북쪽을 향해 달려갔다. 승차감이 좋은 덕분에 아이는 말없이 창밖을 내다보다가 스르르 잠이 들었다.

버스는 중간에 두어 번쯤 이런 곳에도 사람이 살까 싶을 정도로 작은 마을에 잠시 정차했다. "터미널이래봤자 작은 매점 한 개뿐이야. 먹을 만한 것도 없어." 버스 터미널을 둘러보고 온 조기사가 윤서에게 줄 딱딱한 젤리 한 봉지를 건네며 말했다.

한겨울이면 영하 40도까지 내려가는 라플란드는 본래 순록을 키우며 유목 생활을 하는 사미Sami인의 땅이었다. 우리는 도중에 사리셀카에서 내릴 예정이었지만, 버스를 타고 이대로 쭉 올라간다면 노르웨이, 서쪽은 스웨덴, 동쪽은 러시아였다. 국경이라는 것이 무의미하게 느껴지는 북극 땅 라플란드를 달리는 길은 매 순간이 여행이었다.

목적지에 거의 도착했을 때, 조기사가 운전사에게 다가가서 어디에서 내려야 할지 물었다. 사리셀카 시내가 가까워지면

FINLAND

서 각 호텔 리조트의 정류장을 안내하는 방송이 나오고 있었는데 우리가 예약한 곳만 나오지 않았기 때문이다. 운전사는 우리가 머물 숙소의 이름을 듣고는 잠시 고개를 갸우뚱했다. 그러고는 무언가 결심한 듯 결연한 표정으로 말했다.

"OK! 좋았어. 바로 여기서 내려."

물어보자마자 당장 내리라니 당황스러웠다. 주변은 아까부터 줄곧 보아온 도로와 나무뿐이었지만 늘 익숙한 길을 오가는 현지인 운전사가 내린 판단이니 미심쩍어도 따를 수밖에 없었다. 어쨌거나 지도도 그 근처에 우리가 머물 호텔 리조트가 있다고 가리켰다.

버스는 우리를 길가에 내려주고 곧바로 떠났다. 길 위에 멀뚱히 서서 주변을 다시 찬찬히 살펴봐도 역시 인도는 보이지 않았다. 어쩔 수 없이 방법은 한 가지뿐이었다. 도로 옆 덤불 밭을 헤치고 수백 미터를 걸어가는 것.

조기사는 점퍼 모자를 꾹 눌러쓰고는 20킬로그램이 넘는 캐리어를 한 손에 들고 발이 푹푹 빠지는 덤불 밭을 나아갔다. 나는 윤서의 손을 잡고 뒤따라갔다. 어처구니 없는 상황이지만 눈비에 젖어 얼었다 녹기를 반복한 덤불들이 발에 닿는 감촉이 부드럽게 느껴졌다. 내내 버스에 앉아 있다가 시원한 공기를 마시니 걸을수록 기분도 좋아졌다. 나는 이를 악물고 앞서가는 조기사의 뒷모습이 귀여워서 웃음을 터뜨렸다. "아니, 대체 이 상황이 뭐가 재밌어서 웃는 거야?!" 조기사가 뒤돌아서서 외쳤다.

"엇! 어. 미안, 미안. 힘들지?" 나는 황급히 사과했다.

나중에 들은 이야기이지만 조기사는 당시 캐리어 무게보다는 가족의 안전을 책임져야 한다는 생각에 깨나 긴장했다고 한다. 그런 것도 모르고 태평하게 웃었네, 다시 한번 미안. 하지만 오로라를 보겠다며 북극까지 와서는 아무것도 없는 덤불 밭을 낑낑대며 걸어가는 세 사람의 꼴이란…… 아무리 생각해봐도 여전히 헛웃음이 나는 건 어쩔 수 없다.

겨우 호텔 로비에 다다르자 낮잠을 자다 나온 듯 머리카락이 붕 떠서 부스스한 몰골의 남자 직원이 카운터 안쪽에서 걸어 나왔다. 조기사가 그에게 하소연을 늘어놓았다. "버스 기사가 말이죠, 우리를 저~~기에서 내려줘서 우리가 거기에서 여기까지 얼~~마나 힘들게……" 흐리멍덩한 눈빛의 직원은 조기사의 말을 듣는 둥 마는 둥 어깨를 으쓱하며 대답했다. "음, 그러셨군요."

그때 눈치 빠른 직원이 자다 깬 동료 앞을 가로막고는 우리가 원래 사리셀카 시내 한복판에 있는 메인 정거장에 내려야 했다고 말해주었다. 거기서 시내와 호텔을 오가는 밴 서비스를 이용하면 된다고. 체크아웃 때는 비용이 들지만 체크인 때는 무료라면서. 아아……. '현타'가 밀려왔다. 어디 가서 여행작가라고 말 못 하겠다. 중간에 곰한테 잡아먹히지 않은 걸 위안으로 삼을 수밖에.

사리셀카에서 로바니에미로 돌아오는 날, 우리는 버스 정거장에서 할아버지 운전사와 청년을 다시 만났다. 이번엔 청년이 운전석을 잡고 할아버지가 조수석에 앉아 있었다. 나는 "이봐요, 그날 왜 우리를 이상한 데 내려줬어요?!"라고 따지고 싶은 생각보다는 반가움이 앞섰다. 그 둘은 또 이른 아침부터 한참 동안 황무지를 내달려 이곳까지 왔을 것이다.

버스에서 내린 할아버지가 우리에게 다가와서 "어? 아! 으허허!" 하며 고개를 젖히고 크게 웃었다. 풀이하자면 "엇? 너희 그때 그 가족이잖아! 여기서 또 만나다니!"라는 뜻일 거다(아니면 "너네 용케 살아 있었구나!"였나?). 할아버지 옆에서 청년도 수줍게 미소 지었다. 외롭고 거친 땅에서 만난 그들과 나는 마치 오래전부터 알고 지냈던 사이인 것 같았다.

차갑게 언 북극을 오가는 장거리 버스, 그 길은 사람과 사람의 만남이 있기에 따뜻했다.

한밤중의 오로라 캐빈

숙소 직원이 모는 셔틀을 타고 배정받은 캐빈에 도착했다. 벽면부터 천장까지 전부 유리로 된 창밖으로 라플란드의 숲과 하늘이 시원스레 펼쳐졌다. 하지만 감상에 젖는 일은 뒤로 미루고 우선 배부터 채워야 했다. 긴 시간 버스를 타고 오느라 우리는 오후 4시가 넘도록 쫄쫄 굶은 상태였다.

널따란 뷔페식당 안은 순록 뿔로 만든 거대한 조명이 불을 밝히고 있었다. 장작이 높게 쌓인 커다란 벽난로 주변으로 진초록의 벨벳 소파와 보드게임들이 눈에 들어왔다. 성수기라면 손님들이 옹기종기 모여 앉아 여유를 즐기겠지만 오늘은 이 큰 식당 안에 우리뿐이었다. 음식 코너에는 산처럼 쌓아둔 빵과 케이크, 오랜 시간 부드럽게 졸인 코코뱅, 연어 수프, 소고기 스튜, 감자튀김 같은 것들이 냄비 한가득 담겨 있었다. 이 많은 음식을 다 어쩐담?

나와 조기사가 걱정스러운 눈길로 주변을 둘러보고 있을 때 위아래가 이어진 방한용 활동복을 입은 한 무리의 가족들이 들어왔다. 근처에서 개썰매를 타고 온 모양이다. 그들이 자리에 앉자마자 우리는 배가 불러서 손을 대지 못한 티라미수 케이크부터 한 주걱 퍼가는 모습을 보고 나서야 한시름이 놓였다. 비싼 호텔이니 음식값도 당연히 계산에 포함된 것이겠지만 애써 만든 음식들이 남겨지는 건 애석한 일이다. 창밖으로는 조용히 눈이 내리고 있었다.

우리는 상쾌한 밤의 숲 내음을 맡으며 숙소로 돌아왔다. 추위를 녹이려고 뜨끈한 물에 몸을 씻은 다음 이불 속에 들어가서 머리만 쏙 내밀었다. 유리 천장으로 별들이 쏟아져 내렸다. 캐빈에 설치된 유리는 추운 밤에도 온도를 일정하게 유지해주는 특수 유리여서 서리가 끼지 않는다고 했다. 오늘 밤, 과연 오로라를 볼 수 있을까?

핀란드에 살던 사미족은 오로라를 '불의 여우'라는 뜻의 '레본툴레트Revontulet'라고 불렀다. 불의 여우가 눈을 쫓아 뛰어다니다가 꼬리를 쳐서 발하는 빛이 하늘로 올라가서 오로라가 되었다는 사미족의 전설은 무척 아름답고 낭만적이다.

그러나 밤이 깊도록 붉은 여우가 꼬리를 내리쳐 만든 빛은 우리 앞에 나타나지 않았다. 오로라가 나타날 정도로 공기가 차가워지려면 새벽 3시는 되어야 했는데 우리의 눈꺼풀은 자정을 넘기지 못하고 묵직해졌다. 이대로 스르르 잠이 들려는 찰나, 천장 위로 하늘에서 별똥별 하나가 빠르게 떨어졌다. "엄마, 무서워. 별똥별이 우리 침대로 떨어지면 어떡해?" 윤서가 불안한 목소리로 물었다. "걱정하지 마. 그런 일은 절대 일어나지 않아." 나는 아이의 등을 쓰다듬었다.

여행에서 돌아와 스웨덴 소설가 프레드릭 배크만Fredrik Backman의 『일생일대의 거래』를 읽다가 나는 흠칫했다. 소설 속에서 아버지는 아들에게 이런 이야기를 들려준다. "별은 머리 위에 있는 게 아니라 사실 발아래에 있어. 지구가 워낙 빠르게 돌기 때문에 너처럼 작고 가벼운 아이는 어둠 속으로 곧장 떨어질지도 몰라."

세상에. 그날 캐빈에서의 밤하늘도 우리 머리 위가 아니라 발아래로 펼쳐졌던 건가! 요즘도 나는 가끔씩 불 꺼진 방에서 아이를 재울 때면 사리셀카의 밤이 떠오른다. 그러고는 아이가 우주 저편 어딘가로 떨어져 버릴까 봐 덜컥 겁이 나서 꽉 붙잡고 잠이 든다.

새까만 밤하늘에 별이 도글도글 떠 있던 핀란드의 그 밤이 잊히지 않는다.

Saariselkä

눈 덮인 숲에서 베리 따는 곰 가족

아침에 일어나 보니 도넛 위에 솔솔 뿌려진 슈가 파우더처럼 흰 눈이 온 세상을 살포시 뒤덮었다. 우리는 어제보다 한층 더 떨어진 기온에 가지고 있는 방한용품을 모두 꺼내 두르고는 캐빈 뒤편으로 이어진 숲속 산책에 나섰다. 청량한 아침 공기를 마시며 눈이나 좀 밟다가 금방 들어와야지 싶었는데 발밑에 빨간 열매 하나가 눈에 띄었다. "어? 베리다!" 다시 보니 주변이 온통 크랜베리 덤불이었다.

우리는 캐빈으로 돌아가서 밀폐 용기를 가져와서는 크랜베리 수확을 시작했다. 윤서는 "여기도 있다! 여기도 있네!" 하고 소리치며 이곳저곳 뛰어다녔다.

자연과 더불어 살아가는 북유럽에서는 누구든 숲과 호수, 바다를 누릴 수 있는 권리가 보장된다. 남의 집 마당을 침범하거나 너무 가까이에만 가지 않는다면 어느 곳에서든 불을 피우거나 야영도 할 수 있고 베리와 버섯도 마음껏 딸 수 있다. 이 때문에 북유럽 사람들은 집안 대대로 전해 내려오는 베리와 버섯 명당이 있다고 한다. '스물트론스텔레Smultronställ'라는 스웨덴어에는 '야생 딸기가 있는 곳'이라는 뜻 외에도 '나만의 특별하고 소중한 장소'라는 의미가 있다. 리조트 주변은 여행자들이 많이 다녀가는 곳이니 웬만큼 깊숙이 들어가지 않고는 비밀 장소가 나올 리 없겠지만, 우리 가족에겐 이곳이 바로 스물트론스텔레였다.

"으앙! 엄마, 나 어떡해……."

손에 쥔 용기를 바닥에 떨어뜨려 버린 윤서가 울음을 터뜨렸다. 열심히 허리를 굽혀가며 따 모은 크랜베리들이 덤불 속으로 와르르 흩어졌다. "괜찮아, 또 따면 되지. 아직 이렇게나 많은걸!"

우리 셋은 용기에 다시 크랜베리를 잔뜩 채워놓고 나서도 무언가에 홀린 듯이 점점 더 숲 안쪽으로 걸어 들어갔다. 나와 조 기사는 먼 북쪽 마을까지 와서도 다들 그렇게 재밌어한다는 개썰매나 크로스컨트리 같은 액티비티에는 도통 관심이 없더니 숲에서 베리를 따는 일에 완전히 몰두했다. 너무 깊이 들어갔다가는 곰이 나타날지도 몰랐다. 어쩌면 이대로 우리가 곰이 돼버릴지도 모를 일이었다.

갑자기 어느 동화가 생각난다. 베리를 따려고 숲속 깊이 들어갔다가 엎드려 자고 있던 마녀의 엉덩이를 밟고 곰이 돼버리는 끔찍한 저주를 받은 한 가족 이야기 말이다. 가끔 숲을 지날 때면 입가에 베리를 묻힌 아빠 곰, 엄마 곰, 아기 곰과 맞닥뜨리게 되는데, 겁내지 말고 침착하게 손에 든 베리 바구니만 건네주면 된다고 한다. 그러면 곰 세 마리는 덩실덩실 막춤을 추면서 돌아간다고. 저주를 푸는 유일한 방법은 그들이 오두막에 두고 온 여권과 비행기 티켓을 찾아주는 거라는데, 안타깝게도 여태껏 아무도 성공하지 못했다고 한다. 곰 세 마리는 자신들의 소지품을 건네받자마자 휙 던져버리고는 "우우우웅우우~~~(우리 그냥 여기서 행복하게 놔두세요~~~)" 하고 소리를 지르기 때문이라나.

에스토니아
ESTONIA

&

리투아니아
LITHUANIA

"네가 가는 곳이 길이고 네가 멈추는 곳이 집이다."
– 리투아니아 속담

에스토니아의 부유한 여행자

헬싱키 항에서 배로 두 시간 거리에 있는 에스토니아의 수도 탈린Tallinn은 헬싱키 사람들이 가장 사랑하는 주말 여행지다. 중세 시대 풍경을 고스란히 간직한 구시가지를 둘러볼 수 있고 핀란드보다 물가도 훨씬 저렴한 탈린 여행은 핀란드 사람은 물론 헬싱키를 방문한 외국 관광객들에게도 단골 코스다. 에스토니아는 다른 유럽 국가들에 비해 상대적으로 인기가 덜해서 일부러 찾아갈 일이 잘 없지만, 헬싱키를 여행 중이라면 웬만해선 안 들르고는 못 배기는 나라다. 마치 식후 맛보는 달콤한 초콜릿 케이크 같달까.

그래서 우리도 탈린에 가보기로 했다. 다만 다른 여행자들과 한 가지 다른 점이 있다면 우리가 끊은 페리 티켓이 왕복이 아니라 편도라는 것. 우리의 북유럽 여행은 어느덧 막바지에 접어들고 있었고, 우리 가족의 최종 목적지는 에스토니아에서 다시 남쪽으로 600킬로미터 떨어진 곳에 있는 리투아니아였다. 나와 조기사는 핀란드 소녀들이 든 가벼운 핸드백 대신 묵직한 캐리어와 그동안 해치우지 못한 빨래 더미까지 몽땅 끌어다 페리에 실었다.

토요일의 페리 터미널은 당일치기나 1박 2일 일정으로 놀러 가는 핀란드인으로 가득했다. 제아무리 무뚝뚝한 핀란드인이라고 해도 놀러 가는 들뜬 기분은 숨길 수가 없는 모양인지, 다들 헬싱키에서는 한 번도 보지 못한 세상 행복한 표정으로 왁자지껄 떠드느라 정신이 없었다. 터미널에는 바가 있어서 출발 전부터 이미 거나하게 취한 사람들도 많았다.

에스토니아로 가는 페리 중 가장 이용객이 많은 탈링크 실야 라인Tallink Silja Line 안은 식당, 카페, 바, 면세점, 주류판매점이 빽빽히 들어차서 바다 위를 떠다니는 대형 쇼핑몰 같았다. 나는 번잡한 배 안을 빠져나와 바다 구경이나 할까 싶어서 윤서를 데리고 갑판으로 나갔다. 하지만 보이는 것은 그저 회색 하늘과 그보다 더 짙은 회색 바닷물뿐……. 두 시간 동안 아이와 뭘 하면서 버티지? 나는 하릴없이 이곳저곳을 떠돌다가 사막의 오아시스 같은 곳을 발견했다.

배 안에는 아이들이 신발을 벗고 놀 수 있는 널찍한 놀이방이 있었다. 부디 애들 걱정일랑 말고 맘껏 먹고 마셔달라는 고객을 향한 배려를 담은 탈링크의 무료 서비스다. 배 안은 완전히 죽제 분위기였고, 탑승객 중엔 주말을 제대로 즐겨보겠다고 작정한 가족 여행자가 많았기 때문에 놀이방은 거의 놀이공원을 방불케 할 정도로 활기가 넘쳤다. 덕분에 윤서는 탈린에 도착할 때까지 배에 타고 있다는 걸 잊은 채 신나게 놀았다. 그리고 스페인 영화배우처럼 생긴 근육질의 조각 미남(이 사람은 핀란드인이 아닌 게 확실하다)에게서 하얀 강아지 풍선과 나비 페이스 페인팅까지 획득했다.

배가 탈린 항에 정박하자 들뜬 분위기는 더욱 고조되었다. 터미널 바로 옆 대형 쇼핑몰 앞에서는 얼굴에 웃음꽃이 활짝 핀 핀란드 사람들이 저렴하게 산 술을 궤짝째 담아서 손수레에 끌고 갔다. 하루하루 열심히 일하고 많은 세금을 내는 핀란드 사람들에게는 주말의 이런 작은 일탈이 더없이 소중할 것 같다.

우리는 캐리어를 끌고 시내에 예약해둔 숙소로 걸어갔다. 고풍스러운 19세기 석조 건물을 개조한 이 아파트 호텔의 숙박비는 주말 가격으로 1박에 10만 원 남짓이었다. 북유럽에서 이 정도 수준의 숙소에 머무르려면 최소 30만 원은 드니까 말도 안 되게 싼 가격이었다. 더구나 최상층 객실이어서 선탠 의자와 야외 테이블을 갖춘 옥상 베란다까지 사용할 수 있었다.

나는 배를 타고 두 시간 만에 제법 부유한 여행자가 된 기분이었다.

오, 그대는 아름다운 탈린

탈린은 예쁘다. 단 한 순간도, 어느 각도에서도 굴욕을 허락하지 않는 톱 모델 같다. 상점도(거기서 파는 기념품도), 식당과 카페도(거기서 파는 음식과 디저트도), 서점도(거기에 꽂힌 책들도) 다 예뻤다. 북유럽 디자인이니 뭐니 해도 내가 볼 땐 에스토니아의 디자인 감각이 제일 뛰어났다. '인구 대비 모델 수가 가장 많은 나라'라는 설을 증명하듯 탈린의 멋진 남녀들은 거리를 런웨이로 만들었다. 에스토니아는 넓은 의미에서 북유럽에 속하는 한편, 소련에 점령당해 그 영향을 받은 시기가 길었던 탓에 북유럽과 러시아의 특색을 동시에 갖고 있다. 혹여 구시가지만 둘러보고 탈린의 매력을 잘 모르겠다 싶으면 젊은 예술가들의 작업실과 개성 있는 카페와 상점들이 들어선 칼라마야Kalamaja 지구까지 놓치지 말고 가보라.

이처럼 화려하고 볼거리가 많은데 물가까지 북유럽에 비해 확연히 싼 것도 거부할 수 없는 탈린의 장점이었다. 덕분에 우리는 탈린에서 머무는 사흘 내내 두 손 가득 장을 봐서 숙소로 돌아왔다.

　　다만 이런 외형적인 특징만으로 이 도시를 정의하기에는 무리가 있다. 탈린은 양면성을 지닌 도시다. 언뜻 모든 것이 다 예쁘고 새것처럼 보여도, 조금만 속을 들여다보면 그와 상반되는 모습이 존재한다. 현금만 받는 버스라든가, 영어가 잘 통하지 않는 현지인이라든가, 안 살 거면 사진도 찍지 말라며 투덜대는 시장 할머니와 마주하면서 우리는 북유럽 여행 내내 겪을 일이 없었던 불편한 감정들을 조금씩 느끼기 시작했다. 시내에는 제대로 된 놀이터가 없어서 윤서의 입에서는 간식이나 장난감을 사달라는 투정이 잦아졌다. 물론 우리가 탈린 구석구석을 다 들여다보지 못하고 도심 한복판에서만 짧게 머물다간 탓도 있었을 것이다.

　　그래도 탈린이라는 이름의 이 톱 모델은 너무나 아름답기에 이 정도 까탈스러움이야 눈감아줄 수 있다. 그깟 자잘한 단점쯤은 덮어두어도 될 만큼 이 도시는 매혹적이다. 저렴하고 맛있는 먹거리와 예쁜 기념품, 훌륭한 숙소는 더 바랄 게 없이 만족스러웠고 날씨도 핀란드보다 따뜻했다. 비록 나의 마음 한구석에 조금씩 자라나고 있는 그리움의 싹까지 잘라내진 못했지만 말이다.
　　며칠만에 나는 서툴지만 꾸밈없고 듬직한 친구, 무민들이 다시 보고 싶어졌다.

너의 리투아니아로

탈린에서 비행기로 한 시간을 조금 넘겨 여행의 종착지인 리투아니아에 도착했다. 한산하고 아담한 빌니우스 공항 안 어디에선가 경쾌한 팝송이 은은하게 흘러나왔다. 내로라할 관광지도, 시끌벅적한 대도시도 아닌 이곳에서 나는 낯선 도시에 도착했을 때 으레 느끼는 긴장감이 아닌 편안함을 느꼈다. 몇 번이고 와본 도시 같다는 생각마저 들었다. 단지 여행 막바지에 이르러 마음이 느슨해졌기 때문만은 아니다. 빌니우스에는 나의 오래된 소꿉친구가 살고 있었다. 여행의 마지막을 리투아니아에서 끝맺게 된 것도 실은 그녀를 만나기 위해서였다. 빌니우스 시내로 들어가는 버스 안에서 나는 여행 내내 목에 걸고 다녔던 묵직한 카메라를 빼내어 캐리어 깊숙이 집어넣었다.

리투아니아 남자와 결혼해 빌니우스에 정착한 친구는 출산을 2주 앞둔 만삭이었다. 마음 같아서는 일주일 정도 함께 지내고 싶었지만 친구의 몸 상태를 배려하여 그녀의 집 근처 호텔에 2박만 예약해두었다. 하지만 친구는 이 사실을 전혀 몰랐다. 나는 그녀에게 우리가 빌니우스에 갈 거라는 이야기를 마지막까지 비밀에 부쳤다. 북유럽에 있는 동안 리투아니아와 같은 시차로 하루를 시작하고 마무리하면서도 나는 마치 한국에 있는 듯 시차를 계산해가며 친구와 메세지를 주고받느라 어지간히 진땀을 뺐다. 무덤덤한 성격의 친구는 옛날부터 웬만해서는 크게 놀라는 법이 없었다. 나는 이번에야말로 제대로 서프라이즈를 해야겠다는 일념으로 근질근질한 입을 꾹 참아냈다.

우리는 발트 3국을 홀로 여행 중인 그녀의 또 다른 고등학교 동창으로 가장하여 그녀와 호텔 로비에서 만나기로 했다. 호텔 창밖으로 친구가 무거운 몸을 이끌고 뒤뚱뒤뚱 걸어오는 것이 보이자 나와 조기사는 윤서만 혼자 남겨두고 몸을 숨겼다. 윤서는 '이모 배쏙에 아기 생긴 거 축카헤요'라고 쓴 피켓을 들고 친구를 기다렸다.

로비에 들어선 친구는 윤서를 발견하고 깜짝 놀라서 말했다.

"윤서야! 네가 왜 여기 있어? 엄마 아빠는?"

그녀가 사방을 두리번거릴 때 나와 조기사가 등장했다. 짜잔~

"뭐야, 믿을 수가 없어! 너희가 여기 올 줄은 정말 꿈에도 몰랐어. 도대체 이게 어떻게 된 일이야?"

친구는 커다랗게 부푼 그녀의 배만큼이나 크게 웃었다. 계획은 완벽하게 성공했다.

우리는 친구와 함께 빌니우스 거리를 걸으며 그녀가 추천하는 식당에서 밥을 먹고 그녀가 좋아하는 카페에서 커피를 마셨다. 친구가 자주 가는 빵집도 도서관도 모두 SNS에서 볼 때와 또 다른 느낌이었다. 친구는 여덟 살 때 우리 옆집으로 이사를 온 뒤부터 줄곧 나와 단짝이었다. 리투아니아와 한국 사이의 예닐곱 시간의 시차는 카톡으로 일상적인 메시지를 주고받는 데 큰 장애물이 아니었기에 나는 평소 그녀와의 물리적인 거리를 체감하지 못했다. 마음은 여전히 옆집에 사는 것만 같은데, 친구는 이렇게나 멀리 떨어진 곳에서 나와 전혀 다른 삶을 살고 있었다.
친구의 어린 아들을 유치원에서 데리고 나와 집으로 향하는 길, 먼발치에서 새빨간 트레이닝복을 입은 거구의 사나이가 우리에게 손을 흔들며 뛰어왔다. 우리가 왔다는 소식을 전해 듣고는 회사를 조퇴하고 한걸음에 달려온 친구의 남편이었다. 미드 <바이킹스VIKINGS>의 영웅 라그나르 로드보르크Ragnarr Loðbrók를 닮은 그는 바이킹 왕 같은 겉모습과는 다르게 섬세하고 장난기 많은 성격을 지녔다. 그가 상기된 표정으로 말했다. "아니 왜 나는 속이지 않은 거야? 나도 속고 싶었다구!"
친구 부부는 한껏 들뜬 발걸음으로 우리를 집 근처 대형 마트에 데리고 가서 감자 칩이며 착즙 주스며 좋아하는 먹거리를 이것저것 골라주었다. 친구 부부가 한국에 올 때면 항상 우리가 음식을 추천해주곤 했었는데 입장이 뒤바뀌었다. 친구의 집에 도착해 마트에서 사 온 음식들을 식탁에 가득 차려놓고 실컷 웃고 떠들다 보니 어느새 자정이 가까워졌다. 우리는 다음 날 다시 만나기로 약속하고 헤어졌다.

새벽 4시쯤 룸으로 한 통의 전화가 걸려왔다. 어떤 남자가 나지막한 목소리로 내게 뭔가를 열심히 말하고 있었는데 비몽사몽이어서 도무지 알아들을 수가 없었다. 낮에 예약 문제로 카운터 직원과 사소한 충돌이 있었던 터라 호텔 직원에게 걸려온 전화인가 싶었다. 그런데 조금씩 정신이 들면서 몇 개의 단어가 선명하게 귀에 꽂혔다. 친구의 이름, 베이비, 병원…….

전화기 너머로 바이킹 왕이 말했다.

"이건 우리가 너희에게 주는 서프라이즈야."

또 다른 시작

아기! 아니, 아기들이 태어났다. 쌍둥이들은 예정보다 2주나 일찍 세상 밖으로 나왔다. "우리가 어제 너무 시끄러워서 아가들이 누가 왔나 궁금했나 봐. 아마 엄마 배꼽 창문을 빼꼼 열어봤을걸." 윤서가 눈을 반짝이며 말했다.

우리는 날이 밝자마자 친구가 입원한 병원을 찾아갔다. 스마트폰 지도를 살피며 더듬더듬 따라가다 낯선 동네에 다다르자, 커다란 산부인과 병원이 모습을 드러냈다. 빌니우스에서 맞는 둘째 날 여행지가 산부인과 병동이 될 줄이야. 역시 여행은 알다가도 모를 일들의 연속이다.

우리는 로비에서 간호사의 안내를 받고 조심스레 그를 따라갔다. 어둡고 긴 복도가 자못 을씨년스러웠다. 병실 문이 열리고 침대에 누워있던 친구가 우리를 향해 미소 지었다. 적지 않은 나이에 자연분만으로 쌍둥이를 낳았는데도, 친구는 조금 피곤해 보일 뿐 어제와 별반 다름없는 모습이었다. 너희가 호텔로 돌아가고 나서 설거지하고 침대에 누웠는데 진통이 오더라고. 그러고는 병원에 와서 바로 낳았지 뭐야. 친구가 담담한 표정으로 웃었다.

그녀는 첫째를 낳을 때도 "도저히 못 참겠을 때까지 버티다가 병원에 가라."는 내 조언을 철석같이 믿고는 끝까지 견디다가 네 시간 만에 순산했다. 내가 윤서를 열다섯 시간이나 걸려 낳은 경험 때문에 한 말이었지만, 정작 나는 그 말을 해놓고 먼 데서 초산하는 친구에게 혹시라도 무슨 일이 날까 봐 노심초사했다. 주변의 우려에도 아랑곳하지 않는 끈기 있고 우직한 성격의 친구는 타향살이도 육아도 거뜬히 해냈다. 그리고 이제는 세 아이의 엄마가 되었다. 대견하면서 존경스럽기까지 하다. 친구 곁에는 귀여운 아기들이 이마를 맞대고 쌔근쌔근 잠들어 있었다. 갓 태어난 새 생명이 둘씩이나 앞에 있다는 게 믿기지 않았다. 나는 아기들을 가만히 내려다보며 생각했다.

'그래, 이 여행은 여기서 끝이 아니야. 또 다른 시작이야. 아가들아, 태어나줘서 고마워. 앞으로 우리 함께 열심히 살아보자!'

신생아가 있는 병실에 너무 오래 머물면 안 되었기에, 얼마쯤 있다가 우리는 병실을 나와 바이킹 왕과 함께 집으로 돌아왔다. 주방 프라이팬에 올려진 식은 동그랑땡이 간밤에 벌어진 소동을 짐작게 했다. 입원하는 동안 아들에게 주려고 콜택시가 오기 직전까지 부친 모양이었다. 냉장고 문에 붙은 '병원 갈 때 가지고 갈 준비물' 메모지가 눈에 들어왔다. 클렌징폼, 로션, 세안용 머리띠, 칫솔 따위의 것들. 제대로 챙겨가기는 했으려나. 우리가 와 있을 때 아이가 태어난 것이 기쁘면서도 한편으론 슬그머니 미안해졌다.

윤서가 친구의 아들과 노는 동안, 나와 조기사는 친구 남편이 미역국 끓이는 것을 도와주었다. 3분 만에 끓이는 인스턴트 미역국은 외국인 사위가 간편하게 만들 수 있도록 친구 어머니가 한국에서 보내준 것이었다. 그러고 보니 우리 집에 있던 말린 미역을 좀 가져올 걸 그랬다. 내가 한 바가지 끓여서 냉동실에 넣어주면 됐을 텐데. 고작 30분도 안 걸릴 것을……. 나는 영 이런 센스가 없다.

집 근처 마트에 들러 산모와 아기들에게 필요한 물건을 몇 가지 사서 병원으로 되돌아가는 친구의 남편 손에 들려주었다. 셋이서 호텔로 터벅터벅 돌아가는 길, 이틀 내내 따스하게 거리를 비추던 햇살은 먹구름 사이로 자취를 감춰버리고 차가운 바람이 낙엽을 쓸어가고 있었다. 겨울이 다가오고 있었고, 우리는 이제 곧 집으로 돌아간다. 그제야 오늘이 여행 마지막 날임을 실감했다.

Vilnius

우리는 괜찮은 어른일까

여행의 시작은 변화무쌍해도 그 끝은 대체로 비슷하다. 다음 날 공항으로 가는 교통편을 확인하고 몇 시쯤 일어날지를 계산한다. 숙소에 두고 가는 짐이 없는지 점검하고 한국에 도착해서 해야 할 일을 머릿속에 그려본다. 호텔로 돌아온 우리의 시간도 그렇게 흘러갔다. 저녁을 먹은 뒤 나는 묵묵히 짐을 꾸렸고 조기사는 한국에 가서 처리할 업무들을 휴대폰으로 살펴봤다. 윤서는 늘 그랬듯이 테이블에 앉아 뭔가를 끄적거렸다.

얼마나 시간이 흘렀을까, 윤서가 조기사에게 조용히 다가와서는 종이 한 장을 불쑥 내밀었다. 아빠에게 쓴 편지였다. 그리고 그 짧은 편지 한 장은 평소와 다를 바 없을 줄 알았던 우리 여행의 마지막 밤을 특별하게 만들어주었다.

아빠 있짜나
미아난게
지금까지 엿테까지
아빠가 무서울쭐 아라는데
데게 부드럽더라
사랑헤

맞춤법은 틀렸지만 또박또박 써 내려간 편지에는 아이의 진
심이 고스란히 묻어 있었다. 편지를 손에 든 조기사의 얼굴이 일
그러지면서 울음이 터져 나오기 시작했다. 그는 그대로 아이를
부둥켜안고 한참을 흐느꼈다. 기쁨, 감동, 고마움, 미안함, 애틋
함…… 나는 미처 다 헤아릴 수 없는 많은 감정이 뒤섞인 눈물로
조기사의 얼굴이 범벅이 되었다.
　　내가 윤서를 임신할 무렵부터 우리는 각자 다니던 직장을
그만두고 집에서 프리랜서로 일해왔다. 어린 시절부터 바쁘고
권위적이었던 아버지와 관계가 소원했던 조기사는 이런 다짐을
했다. "나는 어떻게 해야 아이에게 제대로 된 사랑을 줄 수 있는
건지 겪어보지 못해서 몰라. 그래서 무조건 아이 곁에 있어 주기
로 했어. 방법은 모르지만 한번 같이 지내보자고, 그렇게 해보자
고……."

그 다짐 그대로 조기사는 늘 아이와 함께하며 아이에게 최선을 다했다. 덕분에 윤서와 조기사는 여느 아빠와 딸보다 유대가 남다르다. 그런데도 아이는 집에 있을 때면 엄마인 나를 더 자주 찾았다. "엄마, 이것 봐.", "엄마 나 말할 거 있어.", "엄마 이것 좀 도와줘." 인형 놀이나 만들기, 그림 그리기, 책 읽어주기 등 아이가 집에서 하는 활동에는 엄마인 내가 필요할 때가 많았다. 또 나는 아무리 바쁘고 피곤해도 아이가 부르면 만사 제치고 달려가는 성격이지만, 조기사는 한 번 일에 몰입하면 아이의 부름에 잘 응하지 못했다. 아이가 해서는 안 될 위험한 행동을 따끔하게 지적하는 일도 나보다 조심성이 많은 남편이 도맡았다. 매사 이성적이고 논리적으로 사물과 현상을 바라보는 조기사에게 아무런 인과 관계없이 말하고 충동적으로 행동하는 아기라는 생물체는 쉽지 않은 존재였다.

그렇지만 집 밖에만 나서면 아빠의 존재감은 엄마를 훌쩍 뛰어넘었다. 아빠와 같이 달리기 시합을 하고 개구리를 잡고 눈썰매를 탈 때 윤서는 아빠 옆에 찰싹 붙어 좋아서 어쩔 줄 모른다. 집을 떠나 장기간 낯선 북유럽을 여행하면서 윤서는 아빠에게 더욱더 의지했다. 무거운 짐을 번쩍 든 채 씩씩하게 앞장서는 사람, 다리가 아프다며 칭얼대는 자신을 기꺼이 업어주는 사람, 놀이터에서 함께 뛰며 놀아주는 사람은 엄마가 아닌 아빠였다. 길에서 낯선 사람에게 말도 잘 못 붙이고 식당 점원에게 포크 한 개 갖다 달라는 말도 어려워하는 엄마와는 다르게 항상 상대에게 먼저 말을 걸고 어느 길이든지 잘 찾아내는 것도 아빠였다. 길 위의 아빠는 위험한 일을 막아주고 어려움이 닥쳐도 어떻게 해서든 해결해나가는 멋진 사람이었다. 그리고 그 길이 북유럽이어서 참 다행이었다. 북유럽은 진정 아빠들의 나라였다. 길거리, 놀이터, 공원, 카페, 도서관…… 어디서든 아이를 들쳐업고, 함께 뛰고, 유모차를 끌고 나와 커피 한 잔을 즐기는 조기사들이 있었다.

북유럽을 그저 '행복의 땅'이라고만 바라볼 수는 없다. 정도의 차이만 있을 뿐 북유럽도 저출산 고령화 문제, 환경 문제, 지역 간 불균형의 심화, 높아지는 청년 실업률 등 다른 나라들이 겪고 있는 문제들을 똑같이 떠안고 있다. 아빠를 위한 육아휴직 제도나 '워라밸'을 찾게 된 역사도 따지고 보면 그리 길지 않다. 다른 점이라면 모두가 합심하여 우리보다 좀 더 앞서 복지국가 정책을 도입하고 그 제도를 안정적으로 정착시킨 것뿐이다.

심지어 북유럽 사람들은 일 년에 반 이상을 추위에 떨어야 하는 척박한 땅에서 산다. 날씨 하나만 가지고도 불만을 늘어놓으려면 끝이 없을 정도다. 하지만 그들은 주어진 현실에 불평하기보다는 거대한 자연 앞에 겸손하고 인간은 누구나 존엄하다는 사실을 받아들여 이웃과 더불어 삶을 헤쳐 나가는 쪽을 택했다. 그래서 북유럽 사람들은 행복을 결코 내일로 미루지 않는다.

지금 이 순간 자신이 가장 좋아하는 것들과 사랑하는 사람들을 곁에 두는 데 열정과 시간을 쏟는다. 진부하지만 변하지 않는 단 하나의 진리, 가족의 깊고 따뜻한 사랑은 그 어떤 추위와 어려움도 이겨내게 해주기 때문이다.

공항으로 떠나는 날 아침, 배웅 나온 친구의 남편이 조기사를 두 팔로 꽉 안으며 말했다.

"You're a good man."

우리는 과연 좋은 어른일까. 괜찮은 부모일까. 아직 자신할 순 없지만 한 가지 분명한 건 내가 북유럽을 떠나오기 전보다는 더 나은 사람이 되었다는 점이다. 사랑하는 가족과 함께 우리보다 조금 더 먼 미래에 있는 나라들을 여행하며 나는 멈추지 않고 직진만 해온 지난날의 내 모습을 되짚어보고, 나의 상처받은 내면아이를 조금씩 치유해나갔다. 그리고 '어른이'에서 어른이 되어가는 과정을 한 단계 더 밟을 수 있었다. 감당하기 벅찬 일들과 인간관계에 휩쓸리지 않는 삶, 소비에 집착하지 않고 단순하게 사는 삶, 자연을 만끽하는 삶, 내 몸을 아끼고 건강하게 돌보는 삶, 소중한 가족과 함께 많은 시간을 보내는 삶…… 하나하나 따지고 보면 그리 어려운 일이 아닌데도 나는 1년만 지나면, 10년 뒤에는, 언젠가는, 이라는 생각으로 너무 많은 오늘을 그냥 흘려보냈다. 내가 진정 원하는 것이 무엇인지는 알려고 하지 않고

다른 사람들의 사고방식과 기준에 그때그때 맞춰가면서 살았다. 남들이 보기엔 그럭저럭 원만한 인생이었을지 몰라도 그것은 내가 북유럽을 떠나기 전에 했던 많은 여행에서 그랬듯이 무색무취한 삶이었다.

수백 개의 흩어진 레고 조각들이 수천수만 가지 모양으로 만들어지는 것처럼, 나는 인생의 조각을 설명서 없이 내가 원하는 대로 다시 조립해보기로 했다. 만들다가 마음에 안 들면 허물어뜨리고 다시 만들면 그만이다. 예전처럼 엄격한 잣대로 자기검열을 하며 어떻게든 완성해보려고 자신을 옥죄지 않을 것이다. 새로 시작한다면 불과 어제까지만 해도 전혀 상상할 수 없었던 아이디어가 떠오를지도 모를 일이다.

누구에게나 인생을 바꾸게 된 중요한 장소가 있다. 내게는 북유럽이 그런 곳이었다. 나는 다정했던 우리의 북유럽이 계속 그리울 것이다. 어디를 가든지 그때처럼, 누구를 만나더라도 있는 그대로의 나를 드러내며 살고 싶다. 그렇게 살아야 한다.

No Problem.

초판 1쇄 발행 2022년 6월 15일

지은이   호밀씨
발행인   박성아
편집   김민정, 이해진
디자인   the Cube
본문 일러스트   조윤서
제작·경영 지원   유양현, 홍사여리

펴낸 곳   테라(TERRA)
주소   03908 서울시 마포구 월드컵북로 375, 2104호(상암동 DMC 이안상암1단지)
전화   02 332 6976
팩스   02 332 6978
이메일   terra@terrabooks.co.kr
인스타그램   terrabooks
등록   제2009-000244호
ISBN   978-89-94939-00-1 13920
값   16,000원

너만큼 다정한 ___ 북유럽